Catherine Maillard

en collaboration avec Ala

QUEL EST
VOTRE PROFIL AMOUREUX ?

Tests et conseils pour
réussir sa vie amoureuse

*Adapté pour le Québec
par Hélène Matteau et Benoît Lavoie*

Flammarion
Québec

Catalogage avant publication de Bibliothèque et Archives Canada

Maillard, Catherine, 1961-

Quel est votre profil amoureux ? : tests et conseils pour réussir sa vie amoureuse

ISBN 2-89077-278-0

1. Amour. 2. Sexualité. 3. Sexualité (Psychologie). 4. Amour - Tests. I. Titre.

BF575.L8M34 2004   152.4'1   C2004-941689-8

Dans la même collection
POUR QUEL TRAVAIL ÊTES-VOUS FAIT ?, Thierry M. Carabin
AVEZ-VOUS UNE BONNE MÉMOIRE ?, Sandrine Coussinoux,
    Dominique Imbert et Natacha Quintard

Graphisme de la page couverture : Studio de création Flammarion
Photo : Nicolas Descottes

Tous droits réservés
ISBN 2-89077-278-0
Dépôt légal : 4e trimestre 2004
Imprimé au Canada

www.flammarion.qc.ca

SOMMAIRE

Introduction .... p. 5

Le quotient intime .... p. 7
Test I – Êtes-vous prêt(e) pour le grand amour ? .... p. 8
Test II – Êtes-vous affamé(e) d'amour ? .... p. 11
Test III – Êtes-vous manipulateur(trice) ? .... p. 14
Test IV – Êtes-vous libertin(e) ou ingénu(e) ? .... p. 17
Test V – Quel type de jaloux(se) êtes-vous ? .... p. 20
Test VI – Êtes-vous pudique ou exhibitionniste ? .... p. 23
Tets VII – Quel est votre profil paresse ? .... p. 27
Évaluation du quotient intime .... p. 31

Le quotient relationnel .... p. 47
Test I – Décodez le premier rendez-vous .... p. 48
Test II – Comment séduisez-vous ? .... p. 51
Test III – Love story ou aventure ? .... p. 54
Test IV – Êtes-vous intime ou étranger ? .... p. 56
Test V – Êtes-vous fusionnel(le) ou indépendant(e) ? .... p. 59
Test VI – Êtes-vous cigale ou fourmi ? .... p. 63
Test VII – Savez-vous gérer les conflits ? .... p. 66
Test VIII – Quelle relation entretenez-vous avec vos ex ? . p. 69
Évaluation du quotient relationnel .... p. 73

Le quotient sexuel .... p. 85
Test I – Décryptez vos fantasmes .... p. 86
Test II – Savez-vous parler sexe ? .... p. 89
Test III – Quel est votre potentiel d'infidélité ? ..... p. 92
Test IV – Découvrez vos influences érotiques .... p. 95
Test V – Êtes-vous sensuel(le) ou sexuel(le) ? .... p. 99
Test VI – Quel est votre appétit sexuel ? .... p. 102
Test VII – Savez-vous recharger sa libido ? .... p. 105
Test VIII – Quel(le) gourmand(e) êtes-vous ? .... p. 109
Évaluation du quotient sexuel .... p. 113

Épilogue .... p. 125
Le (la) partenaire idéal(e) .... p. 126

INTRODUCTION

La connaissance de soi fait partie des préoccupations importantes de nos contemporains. Bien sûr, nous pouvons nous connaître à travers nos actes, nos pensées, nos désirs. Pourtant cette façon d'aborder qui nous sommes n'est pas toujours suffisante. Souvent nous vérifions ce que nous savons déjà et nous suspectons qu'il y a, cachée, une frange de nous-mêmes qui nous échappe.

Au fil du temps et de nos rencontres, nous pouvons découvrir en chacun de nous une part explicite, visible et reconnaissable et également une part implicite, invisible et pourtant présente et active. Tout cela compose notre personnalité.

Depuis la « découverte » de l'inconscient par Sigmund Freud beaucoup de choses se sont modifiées dans la manière de nous saisir et de parler de soi. Les lapsus, les actes manqués, le refoulement... autant de mots appartenant, hier encore, au vocabulaire spécifique de la psychanalyse et qui sont devenus courants aujourd'hui.

Les tests psychologiques participent de ce besoin de comprendre comment nous nous organisons psychiquement. Ils donnent une grille, un cadre, un outil utile et efficace.

Bien sûr chaque être humain est unique. Chacun a sa propre histoire, ses qualités et ses défauts, ses goûts personnels et ses désirs profonds, mais, au-delà de la généralité le test est là pour aider à comprendre et, aussi, pour rassurer car il met un peu de lumière sur notre part d'ombre.

Ainsi se dessinent de grandes catégories psychiques et comportementales et savoir à laquelle on appartient donne de l'assurance et permet d'engranger des multitudes d'atouts relationnels.

Les tests présentés donnent un éclairage sur l'amour, la rencontre amoureuse, les comportements, l'engagement, l'intimité, la sexualité, à propos desquels nous avons besoin d'un minimum de certitudes.

Autant de terrains où il est nécessaire, aussi, de mettre un peu de légèreté. Notre société nous oblige, parfois, à une vision univoque de l'amour et nous savons au-delà des clichés combien les choses sont, parfois, difficiles et complexes. Alors, comment aimer en fonction de son profil ? Il s'agit de rentrer dans un espace plus vaste et plus ludique où ce que l'on découvre de soi laisse des perspectives constantes de changements positifs et équilibrants.

Comment procéder ?

Loin de prétendre donner des recettes miracles, ce livre de tests suggère davantage des voies pour accéder à une relation amoureuse épanouissante et durable, et signaler des écueils à éviter. Trois séries de tests permettent de déterminer les différents quotients en jeu dans la relation, à savoir, le quotient intime, relationnel et sexuel.

Le quotient intime détermine un profil relatif à l'amour de soi, et vous renseigne sur votre degré d'estime de soi. Le quotient relationnel permet de repérer votre type de comportement à l'autre, vos points forts et vos points faibles en amour. Tandis que le quotient sexuel met à jour l'importance de la sexualité dans votre vie et comment vous faites l'amour. Il n'y a généralement pas de bonnes ou de mauvaises réponses : chacun son tempérament, sa personnalité, et son profil amoureux. Il arrive aussi que vous soyez parfois la personne qui vous connaissiez le moins. Pas d'inquiétude donc, si vos résultats vous surprennent. Les profils renvoient avant tout à une interprétation, et une meilleure connaissance de soi. Il s'agit d'abord d'apprendre des choses sur soi, non de s'évaluer.

Découvrez votre profil amoureux, grâce à ces tests, comme si vous aviez rendez-vous avec votre meilleur(e) ami(e). En toute confiance, et joyeusement. Installez-vous confortablement, et prenez votre temps. Répondre à ces tests demande davantage de spontanéité que de concentration. Inutile de biaiser avec la vérité, profitez plutôt de ce moment pour tomber les masques, et jouer la carte de la sincérité. Derrière leur aspect léger, ces tests vous donnent des pistes sérieuses pour vous comprendre et améliorer vos relations. Vous pouvez les réaliser dans l'ordre et vous reporter ensuite aux portraits détaillés, en faisant le compte de vos résultats, ou bien, piocher à l'envi et à plusieurs reprises, selon votre humeur, comme on assemble un puzzle. Vous pouvez enfin les faire à deux, comme un jeu, juste pour le plaisir...

Alors n'hésitez pas à vous amuser, à accepter l'idée que l'amour est aussi un jeu, que la découverte de son fonctionnement intérieur et comportemental est synonyme de la conquête de soi, de l'autre et du monde !

Alain Héril et Catherine Maillard

Le quotient intime

De la relation à soi découle immanquablement une bonne relation à l'autre. Le quotient intime, une donnée importante de votre profil amoureux, détermine la nature de votre « moi » authentique. Qui êtes-vous vraiment? Quel est votre rapport aux émotions, au corps et quelles sont vos éventuelles dépendances? Autant d'éléments qui déterminent vos contours, votre estime de soi, votre philosophie... bref la relation que vous entretenez avec vous-même. Ces tests permettent de mieux vous percevoir au-delà de vos différents masques, et peut-être de vous prêter une oreille plus attentive. Pour mieux aimer sans vous perdre...

TEST I
ÊTES-VOUS PRÊT(E)
POUR LE GRAND AMOUR ?

Le grand amour, vous y croyez... enfin, du moins vous le dites !
Mais voilà, pour transformer la rencontre, cet instant magique, en relation
durable, il faut savoir dépasser peurs, fantasmes et interrogations. Au fond, êtes-vous plutôt solo, ou âme sœur ? Déterminez quel est votre souhait véritable.

1 C'est terrible les idées qui peuvent vous passer par la tête dans l'attente
de la prochaine rencontre :
  A. Je le (la) veux, je l'aurai.
  B. C'est sûr, il (elle) va se décommander à la dernière minute.
  C. Il (elle) vous plaît beaucoup, mais ne nous emballons pas !
Votre réponse :   ☐ A   ☐ B   ☐ C

2 Est-il(elle) réellement drôle ou bien riez-vous dès qu'il(elle) ouvre la
bouche ?
  A. Même Woody Allen ne lui arrive pas à la cheville.
  B. Vous n'aimez pas vous esclaffer à tout bout de champ.
  C. Rire est le plus beau des préludes à l'érotisme !
Votre réponse :   ☐ A   ☐ B   ☐ C

3 Un(e) ex de votre cible lui tourne autour lors d'une soirée. Que faites-vous ?
  A. Un(e) rival(e), je l'élimine.
  B. Rien : je lui fais confiance.
  C. Vous êtes prêt(e) à lui céder la place.
Votre réponse :   ☐ A   ☐ B   ☐ C

4 Quel est le cadeau qui vous ferait vraiment plaisir ?
  A. Une bague de fiançailles.
  B. Un week-end loin de votre poisson rouge avec qui vous partagez vos
soirées depuis longtemps.
  C. Une soirée chez ses amis.
Votre réponse :   ☐ A   ☐ B   ☐ C

5 Il (elle) vous invite à dîner aux chandelles dans un resto de son choix.
Sous le charme vous lui confiez :
  A. Combien il (elle) a bon goût.
  B. Combien vous aimez son regard, ses mains.

C. Combien votre ex détestait ce genre d'endroit.

Votre réponse : ☐ A ☐ B ☐ C

6 Pour gagner ses faveurs vous êtes prêt(e) à :
A. Rester vous-même.
B. Adorer sa mère (son père).
C. Plaquer vos amis.

Votre réponse : ☐ A ☐ B ☐ C

7 La première fois ensemble, c'était pour :
A. Lui faire plaisir.
B. Mieux vous connaître.
C. Vous enflammer ensemble.

Votre réponse : ☐ A ☐ B ☐ C

8 Pour vous l'amour c'est :
A. Une attraction fatale.
B. Un miroir.
C. Une parfaite harmonie sexuelle et mentale.

Votre réponse : ☐ A ☐ B ☐ C

9 Il (elle) ne peut pas aller à la campagne, ce week-end, parce qu'il (elle) a trop de boulot. Vous pensez :
A. J'y vais quand même, j'en ai besoin.
B. Justement, ça m'ennuyait, ce week-end à la campagne.
C. Crève vipère égoïste.

Votre réponse : ☐ A ☐ B ☐ C

10 Sur un coup de tête, vous demandez à votre cible d'une nuit d'être le père (la mère) de vos futurs enfants. Vous lui dites :
A. Tu feras un père (une mère) formidable.
B. Il (elle) sera aussi beau (belle) que toi.
C. J'ai toujours voulu être maman (papa).

Votre réponse : ☐ A ☐ B ☐ C

11 Tout porte à croire que l'histoire est sérieuse... Vous vous dites :
A. C'est sûr, je me fais un film, mais je suis bien mordu(e).
B. Je me demande ce qu'il (elle) peut bien me trouver.
C. C'est fou ce que je me sens bien.

Votre réponse : ☐ A ☐ B ☐ C

12 Vous l'avez rencontré(e) :
A. En surfant sur le web.

B. Lors d'un dîner entre amis.
C. Le soir d'Halloween.
Votre réponse :　☐ A　　☐ B　　☐ C

Cotation

Entourez dans le tableau, les symboles correspondant au choix de vos réponses. Puis, pour connaître votre profil, comptez le nombre de symboles 🏆, ♥ ou 👄 que vous avez obtenus.

Réponse \ Question	1	2	3	4	5	6	7	8	9	10	11	12
A	♥	👄	♥	♥	👄	🏆	👄	♥	🏆	🏆	♥	👄
B	👄	🏆	🏆	👄	🏆	♥	🏆	👄	👄	👄	👄	🏆
C	🏆	♥	👄	🏆	♥	👄	♥	🏆	♥	♥	🏆	♥

LES TROIS PROFILS

Vous avez une majorité de 🏆
Profil 🏆 : L'âme sœur.

Quand vous êtes amoureux(se), vous ne projetez pas vos fantasmes de bonheur sur elle (lui). Vous savez faire la part de la vérité et de votre imagination. Résultat, l'image du partenaire n'est pas surinvestie, et vous êtes capable d'entrer en relation avec la vraie personne. Le temps joue en votre faveur. Vous avez confiance en vous, et vous savez faire des concessions, mais n'êtes pas prêt(e) à tout pour gagner ses faveurs. Bravo, vous savez faire de la place à quelqu'un dans votre vie, vous êtes peut-être même de l'étoffe dont on fait les futurs époux.

Vous avez une majorité de ♥
Profil ♥ : Intermittent(e) de l'amour.

Vous n'avez d'yeux que pour elle (lui), et le monde n'existe que pour recevoir votre bonheur en écho. Enthousiaste, vous croquez dans la vie, et prenez des engagements sur un coup de tête, mais le feu peut s'éteindre aussi vite qu'il s'est allumé. Vous aimez les aventures et les relations passionnelles, mais affronter la vie ordinaire, partager le quotidien avec un projet de vie en commun est certainement plus difficile. Séduction, grand jeu... attention au piège de l'illusion : vous ne voyez pas l'autre tel qu'il (elle) est mais comme vous le (la) rêvez. Se laisser hypnotiser par un amour mirage donne rarement lieu à une relation durable.

Vous avez une majorité de 👄
Profil 👄 **: Solo.**

Votre handicap n'a rien de grave : vous êtes motivé(e), mais vous manquez encore un peu de confiance en vous. Du coup vous avez peur de décevoir et vous pensez « mieux vaut être seul(e) que mal accompagné(e) ». La difficulté majeure que vous pouvez rencontrer, c'est une certaine forme de résignation, après tout qu'est-ce que l'autre pourrait bien vous trouver... Toutefois, le danger que vous courez à terme c'est de ne plus ni risquer la rencontre, ni pousser plus loin quand elle a lieu. Alors un peu de courage. Consultez votre horoscope, et les jours favorables, foncez! Prenez l'habitude d'affirmer vos sentiments et vos véritables aspirations : vous pourrez alors vivre un amour passionnant.

TEST II
ÊTES-VOUS AFFAMÉ(E) D'AMOUR ?

En amour, chacun son carburant. Êtes-vous plutôt raison ou sentiments? Pour d'autres encore la vie ne vaut d'être vécue qu'avec l'ivresse des sens, le grand frisson. Déterminez votre dépendance à l'amour.

1 Après un dîner à la maison avec des amis, votre ami(e) critique votre gigot :
A. Vous vous mettez en colère.
B. Vous vous sentez humilié(e).
C. Vous n'êtes pas prêt(e) à refaire un repas.
Votre réponse : ☐ A   ☐ B   ☐ C

2 Vous entrez dans une boutique pour faire du shopping :
A. Vous demandez conseil à la vendeuse.
B. Vous y allez souvent avec un(e) ami(e).
C. Vous préférez qu'on vous laisse tranquille.
Votre réponse : ☐ A   ☐ B   ☐ C

3 Dès le début de la soirée, vous avez rapidement perdu de vue votre ami(e), pour seulement le(la) retrouver pour partir :
A. Vous n'en dites pas un mot, contrit(e).
B. Vous lui faites une scène, dès la porte refermée.
C. Vous vous racontez votre soirée avec moult détails.
Votre réponse : ☐ A   ☐ B   ☐ C

4 Votre meilleur(e) ami(e) part seul(e) faire un raid au Mexique :
A. Quelle excellente idée !
B. Jamais vous ne partiriez sans votre partenaire.
C. Pourquoi pas, mais l'organisation vous rebute.
Votre réponse :   ☐ A   ☐ B   ☐ C

5 Votre rendez-vous de ce soir vient d'être annulé et il est déjà 20 heures :
A. Vous soupez avec un(e) collègue de bureau à qui ça fait plaisir.
B. Vous en profitez pour vous faire un ciné seul(e).
C. Vous passez plusieurs coups de fil pour trouver une personne libre.
Votre réponse :   ☐ A   ☐ B   ☐ C

6 Vous avez décidé de changer de look, lunettes, coupe de cheveux.
Il (elle) ne relève pas :
A. Vous recherchez un compliment ailleurs, au bureau par exemple.
B. Aucune importance, du moment que votre nouveau look vous plaît.
C. C'est sûr, je dois être super moche.
Votre réponse :   ☐ A   ☐ B   ☐ C

7 Une collègue de bureau vient de gagner à la loto :
A. Vous êtes ravi(e) pour elle.
B. Ce n'est pas à vous que ça arriverait.
C. Vous courez vous aussi acheter un billet.
Votre réponse :   ☐ A   ☐ B   ☐ C

8 Il (elle) ne vous a pas dit je t'aime depuis une semaine :
A. C'est sûr, il (elle) va partir.
B. Il (elle) doit avoir des soucis.
C. D'ailleurs, et moi est-ce que je l'aime ?
Votre réponse :   ☐ A   ☐ B   ☐ C

9 Le plus beau compliment qu'il (elle) pourrait vous faire :
A. Je me sens libre avec toi.
B. J'ai besoin de toi.
C. Je te fais confiance.
Votre réponse :   ☐ A   ☐ B   ☐ C

10 Aimer pour vous, c'est :
A. Être libre ensemble.
B. Se respecter.
C. S'attacher.
Votre réponse :   ☐ A   ☐ B   ☐ C

11 Quand une situation stressante se présente :
A. Vous savez déléguer.
B. Vous vous jetez dans ses bras.
C. Vous assurez.
Votre réponse :　☐ A　　☐ B　　☐ C

12 Si vous deviez adopter une voie philosophique, ce serait plutôt :
A. Le stoïcisme.
B. Le zen.
C. L'épicurisme.
Votre réponse :　☐ A　　☐ B　　☐ C

Cotation

Entourez dans le tableau, les symboles correspondant au choix de vos réponses. Puis, pour connaître votre profil, comptez le nombre de symboles 🏆, ♥ ou 💋 que vous avez obtenus.

Réponse / Question	1	2	3	4	5	6	7	8	9	10	11	12
A	♥	🏆	💋	💋	♥	♥	♥	🏆	💋	💋	♥	💋
B	🏆	♥	🏆	🏆	💋	💋	🏆	♥	🏆	♥	🏆	♥
C	💋	💋	♥	♥	🏆	🏆	💋	💋	♥	🏆	💋	🏆

LES TROIS PROFILS

Vous avez une majorité de 🏆
Profil 🏆 : Vous êtes dépendant(e) affamé(e).

Vous êtes, sans doute, prêt(e) à tout pour gagner ses faveurs. À plaquer vos amis, à changer toutes vos habitudes... Vous êtes un(e) amoureux(se) dépendant(e) et vous pouvez vous négliger au profit de votre partenaire. Ses besoins, ses désirs sont même parfois plus importants que les vôtres. Le plus souvent, la personne qui adopte ce comportement pense qu'ainsi l'autre l'aimera mieux. En fait, elle souffre de la peur d'être abandonnée. Attention toutefois, à long terme ce comportement amoureux risque de vous pousser à partir pour mieux vous « retrouver ». Alors pas d'hésitation. À l'origine d'une idylle ce sont bien vos qualités qui lui ont plu. Alors cultivez donc votre personnalité.

Vous avez une majorité de ♥
Profil ♥ : Vous êtes dépendant(e) équilibré(e).

Vous pouvez aimer sans que l'autre devienne le centre de votre vie, néanmoins vous y êtes très attaché(e). Sans être accroché(e). Peut-être savez-vous prendre en compte vos besoins et les combler, que ce soit avec vos amis, au travail. L'important pour vous est de générer une atmosphère positive. Le bien-être de votre entourage est important pour votre équilibre, qui ne repose pas uniquement sur votre homme (femme). De nature émotive, vous avez parfois tendance à être très démonstratif(ve) et à étreindre une connaissance de rencontre comme si c'était l'homme (la femme) de votre vie. Vos proches ont parfois du mal à s'y retrouver dans vos effusions. Un petit effort, essayez plutôt d'accorder un régime spécial à l'élu(e) de votre cœur.

Vous avez une majorité de 👄
Profil 👄 : Vous êtes non dépendant(e).

En amour, la liberté est votre valeur essentielle. Vous êtes de nature autonome et pas question de faire les frais d'un mode fusionnel. À ce titre, vous avez d'ailleurs mis les choses au clair dans votre relation, comme le nombre de soirées en solo, de week-ends ou même de vacances. Vous n'êtes pas envahissant(e), ni possessif(ve). Les scènes de jalousie, très peu pour vous. Vu que vous n'appartenez à personne, vous prenez soin de votre apparence, soucieux(se) de plaire. À votre actif, vous êtes très valorisant(e) pour votre partenaire. Toutefois à vous considérer parfois comme votre propre île, attention à ne pas cultiver un ego gros comme une citrouille. Dans le cadre d'une relation amoureuse, il vaut mieux se définir non comme un individu exclusivement seul et tenir compte de l'autre.

TEST III
ÊTES-VOUS MANIPULATEUR(TRICE) ?

Pour arriver à leurs fins, certains ne reculent pas devant les moyens. Y compris en amour. C'est un jeu où l'on peut être plus ou moins doué, et plus ou moins gagnant. Évaluez votre capacité à manipuler, un trait de caractère, qu'il vaut mieux parfois nuancer.

1 Le week-end dernier, votre mère a passé son temps à vous abreuver de conseils. Ça vous agace :
A. Au plus haut point.

B. Un peu.

C. Si ça lui fait plaisir...

Votre réponse :   ☐ A   ☐ B   ☐ C

2 Votre moitié a fait les courses. Il (elle) revient sans votre thé préféré. Comment réagissez-vous?

A. Tant pis, vous prendrez du café.

B. Vous le (la) culpabilisez.

C. Vous sortez en acheter.

Votre réponse :   ☐ A   ☐ B   ☐ C

3 Parler de vous à un(e) inconnu(e), c'est :

A. Volontiers.

B. Embarrassant.

C. Pas question.

Votre réponse :   ☐ A   ☐ B   ☐ C

4 Un couple d'amis invite Julie, votre confidente, à passer le week-end à la campagne, sans vous en parler :

A. Ce n'est pas à vous que ça arriverait.

B. Vous fulminez.

C. Vous êtes ravi(e).

Votre réponse :   ☐ A   ☐ B   ☐ C

5 À un rendez-vous, il vous arrive d'être en retard :

A. C'est systématique.

B. Jamais, plutôt en avance.

C. La ponctualité, c'est important.

Votre réponse :   ☐ A   ☐ B   ☐ C

6 En général, vous prêchez le faux pour savoir le vrai :

A. J'évite le plus possible.

B. Je déteste.

C. J'adore.

Votre réponse :   ☐ A   ☐ B   ☐ C

7 Quel est votre tempérament?

A. Impulsif.

B. Insouciant.

C. Soigneux.

Votre réponse :   ☐ A   ☐ B   ☐ C

8 Lors d'une soirée de vernissage, une créature a jeté son dévolu sur votre partenaire... Vous dites :

A. Rien, vous vous effacez.
B. J'ai un de ces coups de fatigue, rentrons.
C. Comment trouvez-vous l'expo ?
Votre réponse :   ☐ A   ☐ B   ☐ C

9 Que pensez-vous des fétichistes ?
A. J'attends d'en parler avec un spécialiste.
B. Je collectionne moi-même les talons aiguille.
C. J'espère ne jamais en rencontrer.
Votre réponse :   ☐ A   ☐ B   ☐ C

10 « Demain on verra bien ». Et vous, votre avenir vous le voyez plutôt :
A. Pessimiste.
B. Optimiste.
C. Harmonieux.
Votre réponse :   ☐ A   ☐ B   ☐ C

11 Vous demandez à un(e) ami(e) de garder votre chat pour le week-end :
A. Vous lui promettez de lui rendre la pareille.
B. Vous lui offrez des fleurs, avant même de lui en parler.
C. Elle vous dit non et vous cherchez quelqu'un d'autre.
Votre réponse :   ☐ A   ☐ B   ☐ C

12 Vous sortez au cinéma avec votre moitié. Vous avez envie d'aller voir ce film et pas un autre. Que dites-vous ?
A. De toute façon, il n'y a rien d'autre.
B. C'est une suggestion, qu'en penses-tu ?
C. C'est mon tour, la prochaine fois on ira voir le tien.
Votre réponse :   ☐ A   ☐ B   ☐ C

Cotation

Entourez dans le tableau, les symboles correspondant au choix de vos réponses. Puis, pour connaître votre profil, comptez le nombre de symboles 🏆, ♥ ou 👄 que vous avez obtenus.

Question / Réponse	1	2	3	4	5	6	7	8	9	10	11	12
A	🏆	👄	♥	👄	🏆	♥	🏆	👄	♥	👄	👄	🏆
B	♥	🏆	👄	🏆	👄	👄	♥	🏆	🏆	♥	🏆	♥
C	👄	♥	🏆	♥	♥	🏆	👄	♥	👄	🏆	♥	👄

LES TROIS PROFILS

Vous avez une majorité de ♔
Profil ♔ : Vous charmez.

En un sens votre comportement peut flirter avec la manipulation. Vous savez exercer votre influence, tout en faisant en sorte de ne pas outrepasser vos droits. Restez vigilant(e) à ne pas forcer l'autre à se plier. Mieux vaut lâcher prise que remporter une victoire sans acceptation.

Vous avez une majorité de ♥
Profil ♥ : Vous manipulez.

Attention vous êtes manipulateur(trice). Le gros problème c'est que vous n'écoutez pas les besoins et les désirs des autres. De fait vous ne les respectez pas suffisamment. Vous devez accepter qu'on vous dise non. À la longue ça peut se retourner contre vous. L'apprentissage de la frustration fait grandir.

Vous avez une majorité de ☞
Profil ☞ : Vous êtes direct(e).

Vous n'usez pas de la manipulation. Quand vous avez quelque chose à demander, vous le faites sans détour et vous acceptez que l'on ne se plie pas toujours à vos désirs, ce qui est une attitude très adulte. Certains pourraient vous trouver très passif(ve), mais il n'en est rien. Vos rapports avec l'autre sont clairs.

TEST IV
ÊTES-VOUS LIBERTIN(E)
OU INGÉNU(E) ?

Le sexe opposé, vous l'abordez comment ? Qu'on le veuille ou non, vos relations sont la plupart du temps sexuées. Que vous soyez célibataire ou pas, là n'est pas la question. Immanquablement votre comportement se modifie. Découvrez quelle sorte d'amoureux(se) sommeille en vous.

1 Vous surfez sur Internet pour dénicher un bon plan voyage. Vous validez un séjour :
A. Aux Bermudes.
B. À Cuba.
C. Dans le désert saharien.
Votre réponse : ☐ A ☐ B ☐ C

2 Votre couple idéal :
A. Demi Moore et Ashton.
B. Clotilde Courau et le Prince de Savoie.
C. Carole Bouquet et Gérard Depardieu.
Votre réponse :   ☐ A   ☐ B   ☐ C

3 Si pendant une journée, vous pouviez vous adonner à votre péché capital, ce serait :
A. La luxure.
B. La paresse.
C. L'orgueil.
Votre réponse :   ☐ A   ☐ B   ☐ C

4 Vous attendez votre petit(e) ami(e) à la table d'un bar branché. Un(e) inconnu(e) vous fait les yeux doux :
A. Ravi(e), vous lui proposez de s'asseoir.
B. Agacé(e), vous tournez la tête.
C. Souriant(e), vous le (la) remerciez.
Votre réponse :   ☐ A   ☐ B   ☐ C

5 Pour vous séduire, un(e) amoureux(se) doit sortir :
A. Sa carte de crédit.
B. Une bonne blague.
C. Le dernier roman de Robert Lalonde.
Votre réponse :   ☐ A   ☐ B   ☐ C

6 Vous savez que quelqu'un vous plaît quand :
A. Vous riez à tout bout de champ.
B. Vous vous en méfiez plus que les autres.
C. Vous avez bon appétit.
Votre réponse :   ☐ A   ☐ B   ☐ C

7 Il (elle) se met au fourneau pour vous séduire. Votre plat préféré :
A. Un thon mi-cuit aux légumes grillés.
B. Un croustillant aux fruits rouges.
C. Un sorbet aux framboises.
Votre réponse :   ☐ A   ☐ B   ☐ C

8 Parmi ces éléments, quel est celui qui vous caractérise le plus :
A. Le feu.
B. L'eau.
C. L'air.
Votre réponse :   ☐ A   ☐ B   ☐ C

9 Lors d'une balade en montagne, votre groupe se perd. La nuit tombe.
A. Vous rongez votre frein.
B. Vous repérez un célibataire qui vous plaît.
C. Vous proposez un jeu idiot pour passer le temps.
Votre réponse :   ☐ A   ☐ B   ☐ C

10 Wal-Mart, heure de pointe. C'est l'affluence à toutes les caisses. Vous repérez :
A. Le (la) stagiaire vraiment mignon(ne).
B. La caissière la plus efficace.
C. La caissière la plus souriante.
Votre réponse :   ☐ A   ☐ B   ☐ C

Cotation

Entourez dans le tableau, les symboles correspondant au choix de vos réponses. Puis, pour connaître votre profil, comptez le nombre de symboles 🏆, ♥ ou 💋 que vous avez obtenus.

Réponse \ Question	1	2	3	4	5	6	7	8	9	10
A	🏆	💋	💋	💋	💋	🏆	🏆	💋	♥	💋
B	💋	🏆	🏆	♥	🏆	♥	💋	♥	💋	♥
C	♥	♥	♥	🏆	♥	💋	♥	🏆	🏆	🏆

LES TROIS PROFILS

Vous avez une majorité de 🏆
Profil 🏆 : Ingénu(e).

Faussement ingénu(e), vous séduisez par votre côté femme (homme) enfant. Sans doute, une relation doit-elle être ludique et colorée : le rire est un de vos aphrodisiaques. Sensuel(le) et gourmand(e), votre credo c'est l'harmonie. De nature vive, vous avez peut-être adopté une certaine philosophie, celle de vivre au jour le jour. Chacun devant vous apporter une somme de surprises agréables. On a tendance sûrement à vous prendre sous son aile, pour vous protéger. Votre côté biche flatte le macho en eux. Homme fragile, les femmes craquent sur votre part de poète. À préserver, évidemment ! Toutefois quand vous avez jeté votre dévolu, vous savez vous engager, et donner de vous.

Vous avez une majorité de ♥
Profil ♥ : Figure de tête.

Vous êtes un(e) intello, cérébrale, véritable homme (femme) de tête qui ne se donne pas corps et âme au premier venu. Vous tergiversez, et l'autre est rarement assez bien pour vous. Du coup, il vous arrive plus que de raison de l'éconduire, malgré sa cour effrénée. Non pas que vous soyez un(e) collectionneur(se), mais plutôt un(e) insatisfait(e). Un pas en avant, deux en arrière... Vous aimez avec la tête, plus qu'avec le cœur. Alors bien sûr le grand amour vous en rêvez et surtout vous en parlez et soupirez après. Comme pour beaucoup d'autres, la réalité peut prendre une tournure différente de celle de vos attentes. Vous faites peut-être partie de ceux (celles) qui comptent des aventures décevantes. Allons, l'amour parfait n'existe pas. Si votre cœur bat la chamade, ne remettez plus à demain : vivez !

Vous avez une majorité de ☙
Profil ☙ : Libertin(e).

Beauté fatale, sans aucun doute, ni retenue, vous êtes un(e) terrible séducteur(trice) et gare à qui s'y pique. Vous vouez un culte à l'amour. De nature intense, mystérieuse, intrépide, vous ne vivez que pour le grand frisson. Les proies qui ont croisé votre chemin fort fréquenté ne sont pas près d'oublier votre fougue. Jaloux(se), théâtral(e) aussi, vos liaisons sont torrides, vos relations sont tourmentées, attention toutefois aux cœurs blessés que vous laissez derrière vous. Calmez le jeu, l'amour peut se nourrir de tendresse et de tranquillité.

TEST V
QUEL TYPE DE JALOUX(SE) ÊTES-VOUS ?

Un peu, beaucoup, passionnément, la jalousie emprunte mille détours pour vous cueillir au vol. Une voisine de palier affriolante, un collègue de bureau très « bouleversant », et même un(e) ami(e). Et vous, sortez-vous vos griffes, pour un oui, pour un non, ou seulement à bon escient ?

1 Son ex va emménager pas loin de votre domicile :
A. Vous consultez un marabout pour lui jeter un sort.
B. Vous lui conseillez de l'éviter.
C. Enfin vous allez voir à quoi il (elle) ressemble.
Votre réponse : ☐ A   ☐ B   ☐ C

2 La rivalité, qu'en pensez-vous ?
A. Un soupçon stimulant.
B. Une époque révolue.
C. Une menace perpétuelle.
Votre réponse : ☐ A   ☐ B   ☐ C

3 Vous êtes partie en week-end sans lui (elle), à cause de son travail. Il est 22 heures passées et son portable ne répond pas :
A. Vous êtes prêt(e) à passer la main.
B. Vous récidivez toutes les cinq minutes.
C. Vous éteignez le vôtre aussi.
Votre réponse : ☐ A   ☐ B   ☐ C

4 Il (elle) vous fait un cadeau, ce n'est pas votre anniversaire. Vous pensez :
A. Il (elle) a enfin lu cet article : « Comment faire durer son couple. »
B. Il (elle) a quelque chose à se faire pardonner.
C. Étrange, mais bien agréable.
Votre réponse : ☐ A   ☐ B   ☐ C

5 Ces derniers jours, vous lui trouvez un air bien guilleret, inhabituel :
A. Vous achetez une boîte de kleenex en prévision.
B. Vous lui faites part de vos soupçons.
C. Vous consultez son agenda.
Votre réponse : ☐ A   ☐ B   ☐ C

6 Physiquement vous vous trouvez :
A. Sublime.
B. Sans attrait particulier.
C. Plutôt son genre.
Votre réponse : ☐ A   ☐ B   ☐ C

7 Votre devise pour durer dans un couple :
A. Ne pas tout se dire.
B. Se faire confiance.
C. Garder un œil ouvert.
Votre réponse : ☐ A   ☐ B   ☐ C

8 Votre meilleure amie vous invite dans sa résidence secondaire aux Bermudes, avec piscine. Vous éprouvez :
A. Un sentiment de frustration.
B. Une certaine valorisation.
C. Une gêne persistante.
Votre réponse : ☐ A   ☐ B   ☐ C

9 Votre dernière crise de jalousie, c'était pour :
A. Une soirée où vous n'étiez pas convié(e).
B. Un éclat de rire entre lui et un(e) de vos ami(e)s.
C. Une nuit où il (elle) a découché.
Votre réponse : ☐ A   ☐ B   ☐ C

10 « Ailleurs, l'herbe est plus verte », dit le dicton... Et pour vous ?
A. Impossible, chez moi c'est le top.
B. Ça me stimule.
C. C'est possible.
Votre réponse : ☐ A   ☐ B   ☐ C

Cotation

Entourez dans le tableau, les symboles correspondant au choix de vos réponses. Puis, pour connaître votre profil, comptez le nombre de symboles 🏆, ♥ ou 👄 que vous avez obtenus.

Question / Réponse	1	2	3	4	5	6	7	8	9	10
A	🏆	♥	👄	♥	👄	🏆	👄	🏆	♥	🏆
B	♥	👄	🏆	🏆	♥	👄	♥	♥	🏆	♥
C	👄	🏆	♥	👄	🏆	♥	🏆	👄	👄	👄

LES TROIS PROFILS

Vous avez une majorité de 🏆
Profil 🏆 : La jalousie possessive.

Jaloux(se) chronique, possessif(ve). Votre tempérament exclusif ne joue pas toujours en votre faveur. Un(e) rivale est forcément à éliminer. La compétition est peut-être même votre mode de vie. Passionnel(le) en diable, tout peut devenir une occasion de lui faire une scène. D'ailleurs, il paraît que c'est excellent pour la libido. Et donc pour tester son attachement. Au moindre coup de canif (présupposé seulement) dans le contrat, vous explosez ! Vos réactions sont peut-être disproportionnées. De type Carmen : si tu m'aimes, prends garde à toi. Attention toutefois, le fait d'être ainsi jaloux(se) à outrance peut cacher aussi un désir d'infidélité, de votre part. Ou alors vous manquez peut-être de confiance en vous, et ce qui expliquerait cette fâcheuse manie de votre moitié à fureter ailleurs. Dans ce cas pointez les aspects positifs de votre relation, et chassez les nuages de la jalousie.

Vous avez une majorité de ♥
Profil ♥ : La jalousie stimulante.

Vous savez en faire une alliée, au quotidien. Par exemple, votre meilleur(e) ami(e) est plus craquant(e), plus à l'aise en groupe, plus gai(e)... et au fond vous êtes jaloux(se). Tant mieux, c'est positif. C'est avant tout une invitation à faire le point sur ce qui vous plaît chez lui (elle) et à cultiver des qualités encore en jachère chez vous. Vous enviez ses qualités culinaires, c'est parfait. Prenez des cours. Valorisez vos acquis. Sans excès. Vous connaissez vos limites, apprenez à cultiver vos atouts. Par ailleurs c'est aussi un moyen de délimiter votre territoire. Votre entourage, comme votre amour, ne risque pas de franchir la ligne rouge à la légère.

Vous avez une majorité de 👄
Profil 👄 : La jalousie zéro.

Pour vous la jalousie n'est pas naturelle. Faire des vagues et jouer la carte des rapports de force, très peu pour vous. C'est entendu, vous ne tombez pas dans ce « piège ». Toutefois, si votre partenaire commence à faire le joli cœur en votre présence, autant le (la) remettre à sa place. Sous-entendu, je te conseille également de te tenir tranquille quand je ne suis pas là.

La jalousie est une émotion nécessaire dans le couple, que vous pouvez apprendre à manier à bon escient. C'est également une façon de placer ses limites et donc de se respecter soi-même.

TEST VI
ÊTES-VOUS PUDIQUE
OU EXHIBITIONNISTE ?

Le corps, on en parle, on le montre comme si notre relation avec lui allait de soi. Pourtant se mettre nu n'a rien d'anodin. Le regard de l'autre est souvent confrontant en fonction de son tempérament. Se dénuder avec plus ou moins de plaisir ou de gêne en dit long sur votre personnalité intime.

1 Imaginez l'Eden, Adam et Ève, nus en toute innocence, c'est :
A. L'ennui.
B. La punition.

C. La nostalgie.

Votre réponse :   ☐ A   ☐ B   ☐ C

2 La forme, ça se travaille. Pour être bien dans sa peau et son corps, rien de tel que l'exercice! Vous êtes plutôt un(e) adepte :

A. Des parcours nature.

B. Des salles de mise en forme.

C. Des cours de yoga.

Votre réponse :   ☐ A   ☐ B   ☐ C

3 Se déshabiller devant lui (elle) avant l'amour, c'est :

A. Un embarras.

B. Une joie.

C. Un spectacle.

Votre réponse :   ☐ A   ☐ B   ☐ C

4 Que pensez-vous de la nouvelle vague de pub dite porno-chic?

A. J'en raffole.

B. Je ne vois pas de quoi vous parlez.

C. Je suis excédé(e).

Votre réponse :   ☐ A   ☐ B   ☐ C

5 En peinture, quel est votre nu préféré?

A. *La Baigneuse* de Courbet.

B. *Nu après le bain* de Degas.

C. *Le Déjeuner sur l'herbe* de Manet.

Votre réponse :   ☐ A   ☐ B   ☐ C

6 C'est l'été, l'occasion enfin de se dénuder... À propos le maillot de bain, pour vous c'est :

A. Le soleil sur la peau.

B. Un examen.

C. Une savoureuse tentation.

Votre réponse :   ☐ A   ☐ B   ☐ C

7 La dernière fois que vous avez éclaté de rire, c'était :

A. Il y a 5 minutes.

B. Je ne m'en souviens pas.

C. Il y a 3 jours.

Votre réponse :   ☐ A   ☐ B   ☐ C

8 Pour devenir riche et célèbre, rien de tel que la téléréalité. Y avez-vous déjà pensé?

A. C'est une horreur, pas question.

B. Je ne les regarde jamais.
C. C'est un régal, pourquoi pas?
Votre réponse : ☐ A   ☐ B   ☐ C

9 Quel est le rapport que vous entretenez avec votre corps? C'est :
A. Le lieu du bien-être.
B. Le lieu de toutes les jouissances.
C. Le lieu de tous les secrets.
Votre réponse : ☐ A   ☐ B   ☐ C

10 Dans un certain courant psychanalytique, la maison représente le moi. Quelle serait votre résidence idéale?
A. Un palace.
B. Un château médiéval.
C. Une ferme dans le Lubéron.
Votre réponse : ☐ A   ☐ B   ☐ C

11 En matière de secret beauté, chacun son truc. Quel est le vôtre?
A. Il faut être aimé(e).
B. Il faut aimer.
C. Il faut être désiré(e).
Votre réponse : ☐ A   ☐ B   ☐ C

12 Quand vous montez sur le pèse-personne, vous vous dites plutôt :
A. Le juste poids.
B. Je n'ai pas de balance.
C. Quelques kilos de trop.

Cotation

Entourez dans le tableau, les symboles correspondant au choix de vos réponses. Puis, pour connaître votre profil, comptez le nombre de symboles 🏆, ♥ ou 👄 que vous avez obtenus.

Question / Réponse	1	2	3	4	5	6	7	8	9	10	11	12
A	👄	♥	🏆	👄	♥	♥	👄	♥	♥	👄	🏆	👄
B	🏆	👄	♥	🏆	🏆	🏆	🏆	🏆	👄	🏆	♥	♥
C	♥	🏆	👄	♥	👄	👄	♥	👄	🏆	♥	👄	🏆

LES TROIS PROFILS

Vous avez une majorité de ♈
Profil ♈ : Vous êtes pudique.

Vous êtes pudique, bien sûr, et vous mettre nu(e) est une source de gêne : le regard de l'autre est sans doute difficile à supporter. Vous êtes peut-être de ceux(celles) qui préfèrent faire l'amour dans le noir, et pour qui la piscine se révèle une véritable épreuve. Bien sûr, vous allez essayer de vous dévoiler le moins possible, au propre comme au figuré. D'ailleurs, pour certains, vous pouvez même paraître distant(e). Vous portez sans doute sur votre corps un regard assez négatif, et certainement critique.

L'idée du beau est souvent plus large que l'apparence, et vous pouvez essayer d'écouter votre corps et de le choyer avec la tendresse qu'il convient.

Vous avez une majorité de ♥
Profil ♥ : Vous êtes nature.

Se mettre nu(e) est naturel, vous n'en ressentez aucune gêne. Vous êtes bien dans votre peau, et vous aimez peut-être dévaliser les rayons d'huiles essentielles ou d'onguents aux extraits de plantes, pour prendre soin de votre enveloppe. Vous pratiquez régulièrement un sport et le temps du vestiaire où les corps se dénudent est également un moment de convivialité, où les langues se délient.

Vous êtes peu attiré(e) en revanche par des médias racoleurs, où le nu s'accompagne selon vous d'un voyeurisme débridé, qui n'a rien a voir avec votre conception de la sexualité. Votre rêve pourrait être plutôt une sieste érotique sous un chêne pendant une pause champêtre.

Vous avez une majorité de 👄
Profil 👄 : Vous êtes exhibitionniste.

Votre rapport à la nudité est érotisé, et votre corps est certainement votre plus bel outil de séduction. Vous ne ratez pas une occasion de montrer un peu de votre plastique. Pour séduire la plupart du temps, mais aussi pour provoquer, et parfois vous frisez même l'exhibitionnisme. Vous aimez certainement parler de votre corps, de votre ventre, de vos fesses, voire de votre intimité. Une façon bien à vous de vous mettre à nu. Pour vous, c'est évident, la séduction est un jeu brûlant où le corps tient le premier rôle et lors des ébats amoureux, vous déshabiller est somme toute une fête.

C'est vrai, vous avez des penchants narcissiques et vous aimez que (tous) les regards soient rivés sur vous. Attention tout de même à ne pas tout miser sur la beauté du paraître qui, on le sait, est éphémère.

TEST VII
QUEL EST VOTRE PROFIL PARESSE ?

Prendre du temps pour soi, chacun(e) le fait à sa manière, en cachette, avec délectation, pas du tout. Une attitude qui détermine également votre capital bien-être. Découvrez quel est votre profil paresse, une donnée plus importante qu'il n'y paraît dans la relation amoureuse.

1 Vous tombez nez à nez, par hasard, sur des amis que vous aviez perdus de vue depuis longtemps :
   A. Vous vous jetez sur la première terrasse pour discuter.
   B. Vous sortez votre agenda électronique pour prendre un rendez-vous.
   C. Une autre fois, les enfants, un mari... vous comprenez.
   Votre réponse :   ☐ A   ☐ B   ☐ C

2 Si on vous dit « farniente », vous pensez :
   A. Un doux rêve.
   B. Un nouveau parfum.
   C. Un art de vivre à l'italienne.
   Votre réponse :   ☐ A   ☐ B   ☐ C

3 Votre chéri(e) déboule avec des amis pour un souper inopiné :
   A. Tout le monde au resto !
   B. Vous cuisinez des spaghettis, une bonne bouteille et le tour est joué.
   C. Vous passez la soirée en cuisine.
   Votre réponse :   ☐ A   ☐ B   ☐ C

4 Un dossier à boucler. Votre boss vous prie instamment de rester plus tard :
   A. Si je refuse, c'est la porte.
   B. Pas question, vous aviez prévu un ciné.
   C. Vous appelez une gardienne pour les enfants.
   Votre réponse :   ☐ A   ☐ B   ☐ C

5 Pour vous relaxer, vous avez l'habitude de faire :
   A. Une petite sieste.
   B. Des brasses dans la piscine.
   C. Une séance de relaxation.
   Votre réponse :   ☐ A   ☐ B   ☐ C

6 Quand vous vous plongez dans la baignoire, c'est :
   A. Sels parfumés, bougies et coupe de champagne.
   B. Essences de cèdre pour recharger vos batteries.

C. Vous préférez les douches.
Votre réponse : ☐ A   ☐ B   ☐ C

7 Votre mère vous demande de la conduire à l'aéroport, jeudi prochain à 11 heures :
A. Vous lui offrez le taxi.
B. Vous en profitez pour prendre la matinée.
C. La veille vous mettez les bouchées doubles pour boucler ce dossier.
Votre réponse : ☐ A   ☐ B   ☐ C

8 Votre voisine, un amour, part en week-end à la campagne et vous propose de prendre les enfants. Vous acceptez...
A. Vous faites la grasse matinée.
B. Vous stressez. Les enfants vont être insupportables.
C. Cinéma, musées, magasins, vous planifiez un week-end d'enfer.
Votre réponse : ☐ A   ☐ B   ☐ C

9 Votre petit péché mignon :
A. La convoitise.
B. La nonchalance.
C. La perfection.
Votre réponse : ☐ A   ☐ B   ☐ C

10 Votre livre de chevet :
A. La gestion du temps.
B. Traité de l'agitation ordinaire.
C. L'art de la sieste.
Votre réponse : ☐ A   ☐ B   ☐ C

11 Il y a peu de choses qui vous hérissent le poil, mis à part :
A. L'ennui.
B. La solitude.
C. L'urgence.
Votre réponse : ☐ A   ☐ B   ☐ C

12 Quand vous avez un vrai pépin, type : votre chéri(e) a une aventure, belle-maman passe le week-end à la maison, que faites-vous ?
A. Tous vos amis sont au courant.
B. Vous vous faites masser.
C. Vous filez chez le psy.
Votre réponse : ☐ A   ☐ B   ☐ C

Cotation

Entourez dans le tableau, les symboles correspondant au choix de vos réponses. Puis, pour connaître votre profil, comptez le nombre de symboles 🏆, ♥ ou 😄 que vous avez obtenus.

Réponse \ Question	1	2	3	4	5	6	7	8	9	10	11	12
A	🏆	♥	😄	♥	🏆	🏆	😄	🏆	♥	😄	😄	♥
B	😄	😄	🏆	🏆	😄	♥	🏆	♥	🏆	♥	♥	🏆
C	♥	🏆	♥	😄	♥	😄	♥	😄	😄	🏆	🏆	😄

LES TROIS PROFILS

Vous avez une majorité de 🏆
Profil 🏆 : Le temps bonheur.

Non seulement vous savez prendre du temps pour vous, mais en plus vous en profitez pleinement. C'est un plaisir sain qui joue un rôle clé dans votre rapport à la vie. Ce monde qui va trop vite, souvent inutilement, vous donne à l'inverse des envies de farniente. Un tour au spa à plusieurs, un ciné en solitaire... ce temps peut être à la fois l'occasion d'un partage avec vos amis, ou bien encore un moment de solitude que vous avez choisi.

Doté(e) d'une bonne estime de soi, vous savez vous exclure d'un monde en agitation perpétuelle pour vous intérioriser. Que ce soit pour déguster votre plat préféré, seul(e) au restaurant, ou voir une expo d'un peintre que vous adorez. De la trempe des actifs qui prennent leurs responsabilités, y compris celle de paresser, vous savez vous écouter. Le surmenage, très peu pour vous. Savoir prendre du temps pour soi c'est une façon de bien cohabiter avec soi-même, et donc avec les autres.

Vous avez une majorité de ♥
Profil ♥ : Le temps volé.

Le temps pour soi se vole, se chaparde comme une cerise dans un compotier. Vous vous autorisez à prendre du temps pour vous, mais avec une pointe de culpabilité. Au fond, les enfants, le travail, le ménage passent avant tout. Alors quand vous « traînez » en terrasse avec un ami, c'est les yeux rivés sur le cadran de la montre. Ou bien en cachette. Mais pas question d'en parler à votre chère mère qui, elle, a trimé pour en arriver là.

En réalité vous paressez parce que vous en avez besoin, plus que par plaisir. D'ailleurs vous êtes prêt(e) à le payer ce petit moment rien que pour vous : en achetant un cadeau aux dits marmots ou en concoctant un super dîner. Acceptez : un, de vous reposer sans culpabiliser et deux, de vous reposer sur les autres. Prenez deux heures pour aller au ciné, et criez-le sur les toits.

Vous avez une majorité de 😙
Profil 😙 **: Le temps géré.**

Vous avez toujours quelque chose à faire, et vous n'avez pas une minute à vous. Bref vous êtes débordé(e) à répétition, et pour vous la question de la pause-café ne se pose pas. Il y a une raison à cela, un certain perfectionnisme vous rend très exigeant(e). Un dîner doit être inoubliable, un dossier impeccable... bref, vous devez coller à une certaine image idéale de vous-même. Du coup votre vie est sous contrôle ce qui laisse peu de place pour paresser.

Toujours sous pression, jamais relax, vous vivez dans un tourbillon. Le temps libre, c'est forcément du temps perdu. Bien sûr, vous prendrez le temps d'un jogging, ou d'une séance d'exercice, mais pour un résultat : une silhouette de rêve. Ce qu'il vous faut c'est réapprendre la lenteur, faire de courtes pauses d'inactivité d'abord. Allez, posez-vous un peu, une petite terrasse, le soleil sur la peau, un rire à la table à côté, revenez à la sensation, à l'ère des petits plaisirs... qui ne servent à rien.

Évaluation
du quotient intime

Sur une feuille de papier, tracez un tableau de 7 colonnes correspondant aux 7 tests. Reportez dans chacune des colonnes, les profils obtenus, symbolisés par ♟, ♥ et 👄.

Cotation

Pour déterminer votre profil, entourez dans la grille les lettres trouvées à l'intersection des lignes de symboles et des colonnes des 7 tests.

Comptabilisez ensuite le nombre de Ⓐ, Ⓑ ou Ⓒ. Votre profil est déterminé par la lettre obtenue en plus grand nombre.

Ex. : Si au test I, votre profil était ♥, entourez Ⓑ.

Si au test II, votre profil était 👄, entourez Ⓒ.

Profil obtenu \ Test	Test I	Test II	Test III	Test IV	Test V	Test VI	Test VII
♥	Ⓑ	Ⓐ	Ⓑ	Ⓒ	Ⓐ	Ⓐ	Ⓒ
♟	Ⓐ	Ⓑ	Ⓐ	Ⓐ	Ⓑ	Ⓒ	Ⓐ
👄	Ⓒ	Ⓒ	Ⓒ	Ⓑ	Ⓒ	Ⓑ	Ⓑ

VOUS AVEZ UN MAXIMUM DE Ⓐ : VOTRE PROFIL

QUI ÊTES-VOUS ?

Votre moi est mature.
Votre quotient intime est de type sensible.

Vous êtes pour le retour au naturel. Être vous-même peut même devenir votre credo. Antifrime, que ce soit d'un point de vue individuel ou socialement, vous optez avant tout pour l'authenticité.

Vous aimez sans doute le vrai, le basique, le profond. Y compris en matière de mode ou de consommation. Se faire une beauté, ou trouver son style, réclame dans votre cas le retour à des valeurs traditionnelles et un certain goût pour l'essentiel. Dans l'idéal, vous préférez manger sain, être au contact de la nature, marcher pieds nus dans l'herbe... vous tentez dans la mesure du possible d'alléger votre esprit. D'ailleurs, votre capacité à trouver des satisfactions dans les petites choses simples est certainement réelle. Est-ce le fait d'une nature joyeuse ? D'un optimisme spontané ? Ou d'une disposition au plaisir ? Certainement, un mélange des trois. Quoi qu'il en soit, cela fait de vous une personnalité rassurante et agréable.

En général, vos ambitions ne sont pas démesurées, a priori vous n'êtes pas agressif(ve), sauf quand il s'agit de « redéfinir les contours ». Dans ce cas, vous savez peser le pour et le contre et prendre des initiatives. Quand vous dites non, ce n'est pas par esprit de contradiction, mais bien parce que vous avez de bonnes raisons. Généralement vous vivez au jour le jour, ici et maintenant.

VOTRE PHILOSOPHIE : LE ZEN

Vous recherchez l'amour et la sécurité, et vous avez probablement su développer une bonne confiance en vous et un certain optimisme. Chaque moment de la vie peut se révéler, pour vous, une source d'apprentissage et d'élévation. Quand vous beurrez votre pain, vous nourrissez votre esprit, quand vous prenez un bain, vous lavez votre âme à grande eau. L'important, c'est la sagesse de l'instant. Même ces actes aussi simples sont, pour vous, source d'élévation et de compréhension du monde !

Vous savez aussi prendre le temps de vivre, dans ce monde qui va trop vite ! Vous préférez peut-être prôner l'éloge de la lenteur et de la contemplation. Un massage, une séance de cinéma, une flânerie le long des quais un soir brumeux d'automne... autant de moments que vous vivez avec la certitude d'être en accord avec vous-même ! Cette aptitude à vous extraire du monde pour écouter, apprécier, déguster votre musique intérieure, est un atout de taille ! En bref, le surmenage n'est même pas votre ennemi, car vous y faites face la plupart du temps, avec le plus de sérénité possible.

VOUS ET VOTRE CORPS

Il existe une beauté hors des apparences. C'est la beauté intérieure ! Vous vous acceptez tel(le) que vous êtes.

En quête de clarté et de transparence, vous mettre nu(e) peut révéler aussi un désir de vous libérer des contraintes, qu'elles soient vestimentaires ou sociales. Derrière ce plaisir simple à être nu(e), vous défendez un retour aux sources, un désir de faire un avec le monde, comme sentir la caresse du vent sur la peau ou bien celle de l'eau. Vous savez aussi prendre soin de votre corps. Les crèmes naturelles aux plantes, la diététique à base de nourriture biologique, les massages aux huiles essentielles... tout est bon pour améliorer votre rapport au corps. Et à certains moments vous dites avec délice qu'il est votre meilleur ami !

VOTRE ATOUT : UNE BONNE ESTIME DE SOI

Il est certain que vous avez une bonne image de vous. Vous avez pris conscience de vos failles et de vos atouts. Du coup vous n'en faites pas trop, ni trop peu. À l'écoute de votre ressenti et de vos valeurs profondes, il est rare que vous ne soyez pas en accord avec vos valeurs. Vous restez en observation des idées neuves, mais vous n'y adhérez pas d'emblée ! Vous réfléchissez, vous pesez le pour et le contre et ensuite seulement vous vous engagez. Pour vous les idées préconçues ne sont pas de mise et vous pouvez saisir les opportunités au vol, sans rester campé(e) sur vos positions. De nature souple, vous savez où céder du terrain, pour servir vos intérêts. Il n'y a que les imbéciles qui ne changent pas d'avis. En clair, vous êtes davantage dans le lâcher prise, prêt(e) à surfer sur la vague quand elle est bonne, plutôt que dans l'affirmation de votre moi. En cas de coup dur, vous êtes capable de rester positif(ve) et zen, vous avez suffisamment de ressources pour y faire face. Et si la vie vous apporte son lot de contrariétés, vous avez appris à tirer un bénéfice positif de toutes les situations, même les plus difficiles !

VOS POINTS FAIBLES

En fait, plus qu'être aimé(e), vous avez besoin d'être reconnu(e). Vous souhaitez que les autres vous adoptent avec la même facilité que vous le faites. Quand vous n'êtes pas sur un terrain de connivence, il peut vous arriver de « perdre les pédales », et de ne pas vous sentir suffisamment aimé(e). Vous pouvez parfois même, si vous vous sentez rejeté(e), développer une légère tendance à la paranoïa.

De nature émotive, vous avez de temps à autre tendance à être démonstratif(ve) et à flirter avec l'hyperémotivité. Il peut vous arriver d'étreindre une connaissance de rencontre comme si c'était l'amour de votre vie, avec beaucoup de naturel. Au point que parfois vos proches ont du mal à s'y retrouver dans vos effusions. Peut-être néanmoins souhaiteraient-ils un régime de faveur... Vous avez le droit de vouloir l'amour universel mais ne pensez pas que tout le monde pense et agit comme vous sur ce point-là ! Un peu de sobriété devrait vous aider dans vos relations, y compris amoureuses. Vous pouvez y gagner en tranquillité et puis vous aimez tellement la clarté que vous n'en serez que plus heureux(se) !

VOUS ET L'AMOUR

Vous êtes plutôt âme sœur.

Pour vous il y a d'un côté la vérité et de l'autre l'imagination. Vous savez parfaitement faire la part des choses et ne confondez pas vos fantasmes et la personne réelle qui partage votre intimité. Vous avez besoin d'un espace pour laisser libre cours à vos rêveries amoureuses. La confiance que vous avez en vous vous permet de laisser le temps se dérouler sans que cela vous provoque des angoisses invivables. Plutôt que de chercher à tout prix à ce que la place près de vous, dans le lit, soit occupée, vous préférez laisser de la place en vous pour la rencontre. Vous travaillez sur vous-même. Vous vous préparez à la rencontre et lorsque celle-ci arrive, vous êtes en parfait accord avec vos sensations et vos désirs. En fait vous êtes le (la) candidat(e) idéal(e) pour le mariage. Mais un mariage réfléchi, pensé et mature, ce qui n'exclut pas, bien sûr, l'amour et le désir !

Équilibre est votre maître mot ! Équilibre et équité ! Vous n'êtes pas sous l'influence du discours médiatique et vos conceptions amoureuses vous portent naturellement vers l'accord parfait entre le corps, le cœur et l'esprit.

Vous êtes équilibré(e), pas dépendant(e).

Vous êtes attaché(e) à votre partenaire. Cette attache, bien souvent, n'est nullement faite de contraintes et d'obligations, mais plutôt d'amour et de partage. Peut-être savez-vous que vos besoins dans leur globalité peuvent aussi se réaliser en dehors de votre relation. Dans l'idéal, vous avez choisi un(e) partenaire pour qui il en est de même. Aussi êtes-vous la plupart du temps entouré(e) d'amis, dans une atmosphère que vous tentez de construire positivement. Vous êtes dans l'indépendance et l'équilibre et cela se voit.

Vous charmez, mais ne manipulez pas.

Vous avez beaucoup de charme et vous savez en faire bon usage, en sachant ce que vous voulez. Tenace dans le travail, obstiné(e) dans la négociation amoureuse, vous paraissez parfois comme flirtant avec la manipulation. Mais il faut reconnaître que vous avez de l'influence. Vous laissez somme toute rarement les autres indifférents. Heureusement, votre conscience aiguë des rapports humains peut vous permettre de ne pas outrepasser vos droits. Il est possible que vous soyez humaniste et cela vous permet de ne pas chercher à faire plier l'autre, y compris pour des décisions anodines, comme le choix d'un resto, ou d'un ciné... Le lâcher prise se révèle aussi la clé du bonheur en amour.

Vous défendez votre territoire.

Chez vous, la jalousie est sans doute active ! Elle peut vous permettre de voir ce qu'il y a de meilleur chez celles et ceux que vous considérez comme vos rivaux. Ainsi, il est possible que vous vous en inspiriez pour parfaire votre identité ou même votre apparence. La jalousie, un atout dans votre cas, peut, pourquoi pas également, vous pousser à la créativité et ainsi vous inviter à dépasser vos limites et à ouvrir votre champ de connaissances. Par jalousie, vous pouvez valoriser vos acquis, apprendre de nouvelles choses et pourquoi pas au final damer le pion à ceux qui hier encore vous faisaient de l'ombre. Toutefois, qu'on ne s'y trompe pas, ce qui vous motive est davantage la curiosité que le danger...

VOUS AVEZ UN MAXIMUM DE B : VOTRE PROFIL

QUI ÊTES-VOUS ?

Votre moi est déterminé.
Votre quotient intime est de type exubérant.

Vous affichez une réelle assurance et dégagez, sûrement, un fort magnétisme. De type leader, vous savez ce que vous voulez, et vous l'assumez : être numéro 1 ou rien. Y compris en amour, où vous n'aimez pas, en règle générale, qu'on vous résiste. Votre entourage peut aussi confirmer que vous n'hésitez pas à affirmer haut et fort vos idées et vos convictions. D'ailleurs, il est fort probable que vous n'ayez pas peur des conflits, ni des frictions. Peut-être même allez-vous jusqu'à penser qu'ils sont bons pour l'équilibre relationnel. Après tout, une bonne « prise de bec » permet de dégager l'horizon et de faciliter les échanges futurs.

Votre moi s'impose. En réalité, vous marchez au défi. Dans votre cas, les obstacles peuvent même vous permettre de rebondir, tout comme le changement qui au final vous stimule. Vous recherchez, souvent, des expériences différentes dans de nombreux domaines, et le succès. Vous êtes sûrement un(e) bon(ne) professionnel(le), sans le plus souvent vous investir affectivement. Généralement à la pointe de l'information, vous connaissez à la fois les derniers potins et les nouvelles technologies. Côté forme, vous l'entretenez régulièrement, en portant votre choix sur les arts martiaux, parfaits pour canaliser votre agressivité ou les salles d'exercice, où vous ne risquez pas de vous ennuyer. Ce dont vous avez horreur !

VOTRE PHILOSOPHIE : L'ÉPICURISME

Vous avez besoin des autres ! Leur présence est importante car elle vous permet de briller mais aussi de partager ! Il vous est difficile sans doute d'imaginer aller au cinéma ou bien au théâtre sans être accompagné(e). Votre planning est certainement chargé. C'est bien connu, vous avez toujours quelque chose à faire ! Peu de pauses, souvent sur la brèche, vous pouvez vivre au centre d'un véritable cyclone. D'ailleurs le temps libre est forcément du temps perdu. Mais cette course effrénée est la marque de votre recherche constante du plaisir. Là où est le plaisir vous devez être aussi ! Le dernier restaurant à la mode, la dernière exposition en vogue, cela vous intéresse et réveille votre enthousiasme, comme autant d'occasions de jubiler de bonheur !

Ce qu'il vous faut, peut-être, c'est aussi réapprendre la lenteur. Par exemple, saisir que le silence n'est pas une absence de bruits mais une vraie possibilité de ressourcement ! Et si vous reveniez à vos sensations ? Le soleil sur votre peau, un grand éclat de rire, une glace au melon que vous adorez... Vous avez une appétence pour le plaisir, alors pourquoi toujours le savourer en étant sur le qui-vive ?

VOUS ET VOTRE CORPS

Pour vous la nudité est érotique. Lorsque vous êtes seul(e) dans votre salle de bains, peut-être même prenez-vous le temps d'admirer votre plastique. Vous êtes sans doute narcissique, et vous savez qu'il vous faut parfaire cet objet de séduction qu'est votre corps : votre plus belle arme ! D'emblée, vous aimez en parler avec aisance.

Exhibitionniste, peut-être, vous saisissez les occasions de parader en tenue d'Ève ou d'Adam sous le regard admiratif des autres, à la plage bien sûr, mais aussi avant vos ébats... La sexualité, on peut dire que ce n'est pas un sujet tabou pour vous. Vous en devisez facilement et n'hésitez pas à vous livrer de façon intime. C'est aussi une manière de dire combien votre corps est un allié, un ami, un partenaire.

Votre image est donc importante, à commencer par votre enveloppe, votre meilleure carte de visite. Plaire, jouer, échanger sont des jeux que vous ne dédaignez pas. Le monde est une scène où vous pouvez paraître à votre avantage.

VOTRE ATOUT : VOUS MARCHEZ À L'ÉNERGIE POSITIVE

Votre personnalité est forte, voire parfois arrogante. D'où vient cette impression d'optimisme à tous crins ? Vous pensez, la plupart du temps, qu'il n'y a pas de problèmes, qu'il y a toujours des solutions. Et vous êtes plutôt du genre à mettre en application vos principes. Souvent à la pointe, vous connaissez peut-être toutes les techniques de communication active qui vous permettent de voir le bon côté des choses. Résultat : il n'est pas fréquent de vous rencontrer abattu(e) et déprimé(e). Ce qui peut aussi en agacer plus d'un. Difficile, en effet, d'entamer votre moral. Derrière votre éternel sourire se tient sans doute un édifice solide, optimiste, inébranlable.

VOTRE POINT FAIBLE : VOUS ÊTES PERFECTIONNISTE

Les psychanalystes vous le diraient : vous savez ce qu'il faut faire et, surtout, ce qu'il ne faut pas faire ! Cela vous rend, parfois, dominateur et péremptoire.

Parfois, cela peut aussi cacher une peur inconsciente de ne pas être à la hauteur. Aussi il vous arrive de compenser par un perfectionnisme qui frise parfois la maniaquerie. Par exemple, tout ce que vous entreprenez doit être parfait, que ce soit un dîner d'anniversaire, ou une réunion professionnelle. Rien de grave, il suffit à nouveau de se laisser toucher par la poésie d'un grain de poussière dans le soleil ! Au lieu de vivre sous contrôle pourquoi ne pas essayer de redonner de la place à l'improvisation ou à la paresse.

En pratique, renoncez à tout contrôler ! Si vous pensez que vous êtes un as du contrôle tous azimuts, il n'y a aucune raison que ça dure. Renoncez, c'est bon pour votre équilibre et celui de votre entourage.

Lors du dernier dîner de famille, vous avez encore tenu tête à votre belle-mère, sur un détail : le régime alimentaire du petit dernier. Résultat : une ambiance de week-end exécrable. Quand vous subodorez que vous évoluez en terrain miné, mieux vaut peaufiner des scénarios de substitution. C'est-à-dire : c'est comme ça chez mamie et différent à la maison. Rappelez-vous que différencier les espaces est très structurant pour l'enfant, et très relaxant pour vous. Alors, autant faire le deuil de son pouvoir dans certaines situations.

Au bureau, vous fonctionnez souvent en état d'urgence. Résultat, vous imposez vos points de vue à vos associés, et vous vous emportez ! Quand vous sentez venir l'orage, c'est pire. Comme la plupart des compulsifs de l'autorité, l'existence est souvent vécue sur le mode de la guerre psychique ou sociale. Tout votre être est tendu vers la vérification constante des données, et vous détestez forcément les failles. Suggestion : prenez des distances par rapport à ce qui tourne mal et donnez-vous le droit à l'erreur. En réalité les réussites ne sont pas seulement du fait de votre contrôle, mais une addition de bonnes conjonctions. Quant au grippage de rouage, cela dépend aussi d'éléments extérieurs pas toujours maîtrisables.

Vous verrez, si vous réussissez à arrêter de tout vouloir contrôler, les bénéfices seront multiples. Vous allez gagner en crédibilité et en confiance auprès de vos collègues si vous acceptez d'être faillible, et vous allez enfin pouvoir déléguer.

Vous ne tenez pas toujours compte des autres.

On vous admire. Mais parfois aussi on vous craint. En réalité vous pouvez avoir tendance à peu tenir compte de vos interlocuteurs, de manière plus ou moins inconsciente. C'est vrai, vous avez des penchants narcissiques et vous aimez que (tous) les regards soient rivés sur vous. Toutefois, essayez davantage d'être à l'écoute de l'autre, et n'ayez pas peur d'avouer vos faiblesses. Cela fera de vous une personne moins agaçante. Votre moi profond est riche, fécond, créatif. Mettez plutôt de la souplesse dans vos comportements, et apprenez, pourquoi pas, à rire de vous-même!

VOUS ET L'AMOUR

Chez vous il n'y a pas de demi-mesure. C'est tout ou rien, à la vie, à la mort! Votre caractère vous pousse à vivre les sentiments et l'amour dans leur plus haute intensité. Vous êtes une lumière incandescente qui ne perd jamais de son éclat. Votre sexualité est forte, torride, voire alambiquée ou sombre. Le lieu de vos ébats peut se transformer, parfois, en arène et l'acte sexuel est une corrida où vous tenez le rôle du toréador conquérant. De ce fait vos partenaires peuvent, parfois, avoir l'impression d'être dévorés(ées), engloutis(ies) sous les tornades puissantes de vos assauts. Ainsi vos nuits d'amour laissent des souvenirs impérissables! Chez vous tout se théâtralise, tout est ivresse... Le plaisir sexuel est là pour ouvrir les horizons, dégager les espaces, installer du cosmos dans l'aventure terrestre!

L'amour, un sport de combat! Vous avez de l'énergie à revendre et l'amour vous sert sans doute d'exutoire. Briller de mille feux et embraser votre partenaire est votre sport favori. D'un naturel combatif et sélectif, vous aimez vous mesurer en amour avec quelqu'un qui a du répondant. Parfois élitiste, vous êtes partagé(e) entre un(e) partenaire doux(ce), calme, sécurisant(e) et un(e) aventurier(ère). De plus, rien n'est durable, et vous n'avez pas envie de vous fixer. En fait votre fringale érotique est primordiale et vous préférez vous lancer à corps perdu dans l'érotisme.

Vous êtes prêt(e) pour l'amour fou.

Le champ de votre regard n'est occupé que par celui ou celle que vous avez élu. Il (elle) est votre ciel et votre ligne d'horizon. Votre bonheur est total et le monde entier doit en être informé. Votre enthousiasme vous pousse à mordre dans l'amour comme dans un fruit mûr et juteux et vous pouvez vous engager sur un coup de tête. Vous révélez ainsi votre nature ambivalente : d'un côté vous cherchez à contrôler et de l'autre vous êtes prêt(e) à vous enflammer de suite, sans réfléchir, affichant votre dépendance. Vous pouvez même être capable de faire tout et n'importe quoi pour gagner les faveurs d'un(e) partenaire que vous considérez comme idéal(e). Vous devez faire attention au piège de l'illusion, fort courant. Les relations durables perdurent rarement à partir de telles bases de départ !

Vous manipulez facilement.

Vous êtes une personne manipulatrice, de nature. Reste à moduler cette tendance, dans ses aspects positifs pour accéder à une autre forme de relation. À savoir : vous faites preuve de volonté, c'est un fait, alors peut-être pouvez-vous adoucir son expression. Il est parfois si simple de proposer au lieu d'imposer. Du coup, vos interlocuteurs peuvent à la fois se sentir respectés et surtout impliqués... une occasion pour vous, encore une fois, de lâcher le contrôle, puisque vous allez pouvoir déléguer. Y compris en amour. Vous aimez l'art japonais, la mer et les grandes tablées de copains, à vous de trouver un terrain d'entente avec votre partenaire pour que les deux s'y retrouvent. Après tout ce n'est pas si difficile, il suffit de le vouloir et ça vous savez si bien le faire.

Votre tempérament est exclusif.

Votre tempérament est à l'évidence de type possessif. Il peut arriver que vous clamiez haut et fort la nécessité d'une vie libre, sans attache, sans contrainte. Toutefois il semblerait aussi que vous soyez rattrapé(e) par une certaine forme de contradiction. En fait, vous êtes « définitivement » jaloux(se). Au vu de vos scènes (que vous regrettez certainement par la suite), on peut dire que l'autre vous appartient. Y compris en public, vos proches vous ont certainement déjà vu(e) entrer dans des rages folles lorsque vous sentez votre partenaire porter ses yeux vers un (une) autre que vous. À croire que les scènes de ménage ont le don de stimuler votre libido. Et si vous lâchiez un peu de lest... À la longue, votre partenaire peut trouver vos signes d'attachement... étouffants.

VOUS AVEZ UN MAXIMUM DE Ⓒ : VOTRE PROFIL

QUI ÊTES-VOUS ?

Votre moi est fragile.
Votre quotient intime est de type réservé.

Dans le privé ou le social, vous êtes d'abord de style discret. Vos attitudes et vos goûts sont rarement provocants. De fait, vous êtes plutôt en retrait dans les relations affectives. Et il est possible que vous ayez du mal à être vous-même.

Qu'il s'agisse d'exposer en réunion le projet que vous avez peaufiné ou de tenir une conversation banale avec le commerçant du quartier, vous risquez de bafouiller ou encore de rougir. Bref, visiblement vous êtes réservé(e). Votre moi est fragile, en psy, on peut même dire qu'il est réprimé. Alors c'est sûr, il y a peu de risque de conflit lors de dîners entre copains. Au bureau aussi on peut compter sur vous pour se ranger à l'avis général. Et vous donnez souvent raison à votre partenaire. Pour résumer, vous aimeriez vous affirmer sans prendre de risques. Autant d'éléments qui font de vous quelqu'un de facile à vivre. Mais peut-être au prix de votre image un peu floue. Certains peuvent vous trouver transparent(e), peu charismatique, gentil(le)... Laisser l'autre décider à votre place peut aussi cacher une certaine peur de l'engagement ou un manque de constance. À la longue vous pouvez risquer de passer à côté de qui vous êtes et de tirer un trait sur nombre de vos rêves.

VOTRE PHILOSOPHIE : LE STOÏCISME

Votre plaisir est peut-être associé à de la culpabilité, et vous n'êtes pas le(la) seul(e) pour qui c'est le cas. Prenez, par exemple, la manière dont vous vous octroyez du bon temps. Un comportement pas si anodin, puisque charité bien ordonnée commence par soi-même. Normalement, plus on est en harmonie avec soi, plus on est disponible à l'autre. Or, pour vous, il n'est pas si évident de vous ménager des plages de détente. Lorsque vous vous autorisez à prendre du temps pour vous, c'est avec une pointe de culpabilité. Même minime. Ou bien en cachette. Il est possible que vous paressiez parce que vous en avez besoin, plus que par plaisir. Ça n'a rien d'étonnant, puisqu'il semblerait que votre valeur dominante soit le sens du devoir et le sérieux qui en découle.

VOUS ET VOTRE CORPS

Vous êtes certainement pudique, et il peut vous être difficile de vraiment vous sentir beau ou belle. Il faut dire que face à la tyrannie de l'apparence idéale proposée par la publicité, ce n'est pas toujours facile d'être, ne serait-ce que bien dans sa peau. D'autant plus que la plupart du temps, vous pouvez être gêné(e) par votre physique. Celui-ci, c'est possible, peut vous paraître mièvre et peu érotique. Il y a, à l'évidence, chez vous un manque criant d'estime de vous-même et vous auriez tout intérêt à accéder (enfin !) à vos qualités (nombreuses) et à croire à vos potentialités. Il vous faut les valider !

Pour commencer, c'est facile ! Écoutez avec davantage d'attention votre corps, comprenez vos besoins profonds, choyez-vous, découvrez ce besoin d'aventure qui se cache au fond de votre regard. Votre excès de pudeur vous réfrène, certes. Mais c'est aussi à votre portée de mettre de l'originalité dans votre vie, votre rapport à vous-même. Apprenez à vous surprendre, pourquoi pas, pour ensuite surprendre les autres !

VOS ATOUTS

Vous gagnez à être connu(e), soyez en sûr(e). Et pour de multiples raisons. Vous pouvez être attentionné(e), vous savez écouter les autres. D'ailleurs on vient souvent vers vous pour un avis, un conseil, une confidence. Vous savez adoucir les conflits, trouver le bon angle pour envisager les choses. Cette capacité naturelle de pouvoir prendre du recul est un atout considérable. Elle vous permet de remplacer la timidité et la réserve par une apparence de profonde sagesse. Notre monde contemporain est fébrile et des gens comme vous, calmes et dégageant une certaine sérénité, sont précieux !

Vous écoutez.
Vous savez dépister chez l'autre le moindre signe d'agacement ou de tension. Vous êtes un « lecteur d'âme » incomparable ! Bien sûr cette qualité est liée à votre souci de débusquer chez l'autre la façon dont vous êtes perçu. Mais si vous arrivez à vous débarrasser de ce léger sentiment d'infériorité tout en gardant vos qualités vous deviendrez ce que vous êtes, au plus profond : quelqu'un dont l'intelligence émotionnelle est au plus haut !

Vous êtes serviable.
Votre attention à l'autre vous place d'emblée parmi les personnes sur lesquelles on peut compter. Dans le milieu professionnel, la discrétion de celui ou celle qui n'ira jamais répéter les bruits de couloir, doublé d'un désir de bien faire, sont généralement très appréciés de sa hiérarchie. Idem pour

l'entourage. Vous êtes toujours prêt(e) à rendre service, ou à donner un coup de main de dernière minute si on vous le demande.

VOS POINTS FAIBLES

Vous pouvez paraître distant(e).

Il faut dire que vous laissez peu de prise aux émotions et l'on peut parfois se demander si les propos que l'on vous tient ne vous passent pas au-dessus de la tête. Pour ne pas mettre votre interlocuteur ou votre amour dans l'embarras, il suffit de trois fois rien. Vous pourriez, par exemple, penser à émettre beaucoup plus de « signaux non verbaux » : souriez, hochez la tête, exprimez silencieusement par des mimiques les émotions que suscite l'histoire que l'on vous raconte. Une astuce qui peut éviter bien des tracas dans vos relations amoureuses.

Vous avez du mal à dire non.

Vous pouvez facilement être corvéable, y compris dans une relation amoureuse, où votre partenaire a tôt fait de repérer votre gentillesse légendaire. Poser des limites est alors nécessaire. Apprenez à dire « non » quand il le faut, ou quand votre « demandeur » dépasse les bornes. Vous qui n'osez pas râler, optez plutôt pour la technique qui consiste à répéter fermement votre refus. Vous gagnerez en respect, ciment de la relation de couple.

Vous doutez.

Si les narcissiques ne doutent pas d'eux une seule seconde, vous, à l'opposé, ne cessez de vous poser des questions et de vous remettre en cause. Du type : « Pourquoi, il (elle) me choisit moi, c'est sûr, il (elle) va découvrir le pot aux roses... » Au final cela vous rend certes plus aimable que bien des personnes à l'ego surdimensionné. Toutefois voyez-vous tel(le) que vous êtes réellement, sans vous dévaloriser (une de vos principales faiblesses). Par effet rebond, vous valoriserez aussi votre couple.

Pour vous aider à lutter contre ces points faibles il faut cultiver l'estime de soi. D'une bonne relation à soi découle une bonne relation à l'autre, à ce titre, cultiver l'estime de soi devrait constituer une de vos priorités qui vous éviterait nombre de projections négatives sur votre bien-aimé(e).

Déroulez le film de vos succès. En fin de journée, vous avez peut-être pris la mauvaise habitude de repasser automatiquement les mauvaises nouvelles. Vous soulignez les critiques de votre nouvelle conquête, les reproches que vous avez subis. Chaque soir avant de vous endormir, pensez plutôt à dérouler le film de vos succès : reconnaissez qu'il est bien agréable qu'avec ce temps de chien, au lieu de sortir de la ville pour profiter du soleil, vous ayez remis à jour l'album photo de votre dernier voyage en amoureux.

Établissez vos priorités. Faites la liste de toutes les choses désagréables que vous vous êtes imposées, cette semaine encore. Ensuite, arrêtez ! D'abord, de suivre des cours de golf pour faire plaisir à votre moitié, de vous forcer à voir des films japonais que vous détestez pour accompagner votre meilleure amie. Ensuite définissez vos priorités. En d'autres termes : « Qu'est-ce qui est important pour moi ? Quelles sont les priorités dans ma vie ? » Définir clairement ce que l'on veut, c'est sortir des doutes, du marasme, c'est se redresser et augmenter son amour de soi. Faites la liste des 33 choses les plus essentielles pour vous et tentez d'en réaliser au moins trois par semaine.

VOUS ET L'AMOUR

Chez vous c'est la tête qui dirige tout ! Vous pensez mais aussi vous décortiquez les situations pour ne pas être face à un événement que vous n'avez pas, au préalable, prévu ! Tout doit être calculé, rangé... Vous vous servez, en premier lieu, du raisonnement pour aborder une histoire, comme si vous mettiez en balance les avantages et les inconvénients. Votre « proie » peut assez rapidement vous reprocher de manier avec aisance les concepts au détriment du facteur humain. De ce fait, il est probable que vous refréniez constamment vos désirs et n'accédiez pas à la possibilité de la surprise amoureuse.

Le bonheur, en amour, vous y croyez à peine. D'ailleurs, le bonheur en général peut même vous paraître suspect. On pourrait presque vous attribuer la phrase : les gens heureux n'ont pas d'histoire. Certains diront que c'est un moyen comme un autre de ne pas souffrir, et de limiter les dégâts émotionnels, bien sûr. D'autant plus qu'à partir du moment où vous vous attendez à une « sorte de défaite », vous ne risquez pas d'être pris(e) au dépourvu.

Le coup de foudre, aussi très peu pour vous ! Et pourtant, sans doute, vous le souhaitez ardemment. Alors plutôt que de le vivre, peut-être en parlez-vous, beaucoup, longtemps... peut-être vos films préférés sont-ils des mélos, où vous pourrez (enfin) pleurer abondamment face à ces amours somptueuses que vous ne vivrez jamais. Mais, il arrive aussi que vos rêves soient parsemés d'effusions dans le soleil couchant... Et si vous cessiez de rêver pour à votre tour passer à l'acte ! Quoi qu'il en soit, si d'aventure, le désir brûlant (si possible) se fait sentir, dites oui ! Allez-y ! Surprenez-vous ! Vivez sans peur et sans reproche ! On le dit de plus en plus, la rencontre est un vertige, où il vaut mieux se laisser bouleverser, et perdre pied, pour plonger dans l'inconnu.

Vous êtes plutôt solo.

« Être libre ! », « Ne pas confondre amour et attachement ! », « N'appartenir à personne », voici quelques-uns des maîtres mots que vous aimez sans doute répéter à la cantonade comme pour vous en convaincre ! Cette façon d'agir peut tout à fait convenir à votre partenaire pour peu que lui aussi aime la liberté et la solitude. Cela, d'ailleurs, ne vous empêche pas de passer de longues heures au téléphone à discuter comment les choses pourraient être et non pas comment elles sont ! Tout ceci vous rend agréable à vivre. On peut dire que vous ne mettez pas la « pression » avec des exigences d'engagement. C'est ce que vous souhaitez : un monde relationnel calme et serein, sans heurts, sans folie, sans dispute... Même si cela annule la possibilité d'un amour fusionnel.

Vous êtes peu loquace.

Vous détestez les conflits, et votre méthode pour éviter les crises est double. En société, vous préférez vous ranger à l'avis général, et vous êtes même réputé(e) pour désamorcer les situations houleuses. En privé, vous êtes avant tout peu loquace, voire mystérieux(se). Vous distillez souvent les informations au compte-gouttes, voire vous vous montrez indécis(e). Vous cédez du terrain la plupart du temps, mais par souci de faire plaisir à l'autre. Toutefois, sans chercher la bagarre, vous ne vous laissez pas mener par le bout du nez. Vous savez aussi exprimer vos désaccords doucement, mais clairement... d'autant plus quand vous vous sentez en confiance.

La jalousie n'est pas naturelle.

Comment pouvez-vous entrer dans le jeu pervers de la jalousie ? Vous faites tellement d'efforts pour que les choses soient limpides que, à aucun moment, vous ne rentrez dans les grandes scènes tragi-comiques de la fièvre de la jalousie. D'une part, il est fort probable que votre vie ne tourne pas autour de votre partenaire. Vous avez sans doute des espaces de liberté qui sont votre seule propriété. Et il en va de même peut-être pour l'autre. Habituellement, vous préférez faire confiance, d'autant plus que sortir de vos gonds est probablement difficile.

Le quotient relationnel

On ne se choisit pas par hasard. Chacun de nous aborde l'amour, avec dans la tête un fantasme précis, mais également un quotient relationnel qui détermine notre manière tout à fait spécifique d'aborder l'autre : vous pouvez être sensoriel(le), sentimental(e) ou bien cérébral(e). Ce quotient est utile pour comprendre nos fonctionnements et éviter ainsi bien des écueils. Et il y en a ! Chacun de nous a pu en faire l'expérience : la rencontre amoureuse favorise l'émergence de moult émotions et sentiments qui nous renvoient à la première relation affective, celle avec notre mère. Cette nostalgie du tout premier amour va influencer notre comportement amoureux pour le meilleur et parfois pour le pire.

TEST I
DÉCODEZ LE PREMIER RENDEZ-VOUS

C'est parti, vous êtes sur un nuage, depuis votre dernière rencontre. À l'idée de passer une soirée ensemble, votre cœur bat la chamade. Alors inutile de tergiverser, prenez rendez-vous et décodez les signes pour en savoir plus, avant d'aller plus loin.

1 Il (elle) a tenu a choisir le lieu de votre soirée :
A. L'endroit est convenu, peu exotique.
B. C'est à deux rues de chez lui (elle).
C. L'endroit est celui dont vous aviez parlé la veille.
Votre réponse : ☐ A   ☐ B   ☐ C

2 Vous avez décidé de vous rejoindre vers 20 heures :
A. Il (elle) arrive en retard.
B. Il (elle) est déjà là.
C. Il (elle) annule une demi-heure avant.
Votre réponse : ☐ A   ☐ B   ☐ C

3 On peut dire que vous vous êtes pomponné(e). Il (elle) ne manque pas de vous faire remarquer :
A. C'est un régal pour les yeux.
B. Vous me faites penser à un(e) ex que j'adorais.
C. C'est drôle, je vous imaginais plutôt en Armani.
Votre réponse : ☐ A   ☐ B   ☐ C

4 Les goûts et les couleurs, c'est important ! Au moment de commander, son choix se porte sur :
A. Un doré à l'ail frit.
B. Des calmars en sauce.
C. Un plateau de fruits de mer pour deux.
Votre réponse : ☐ A   ☐ B   ☐ C

5 Vous avez commandé un dessert, mais qui a un drôle de goût. Votre rendez-vous rétorque :
A. Vous voulez qu'on échange avec le mien.
B. Il(elle) fait un esclandre pour qu'on le change.
C. C'est sûrement la sauce qui est très originale.
Votre réponse : ☐ A   ☐ B   ☐ C

6 Un premier rendez-vous est toujours angoissant... De quoi allez-vous parler ?

A. Il (elle) parle de lui (elle) tout le temps.
B. Il (elle) est plutôt silencieux(se).
C. Il (elle) est passionné(e) de musique classique comme vous.
Votre réponse : ☐ A ☐ B ☐ C

7 C'est le moment de régler l'addition :
A. Il (elle) propose de partager.
B. Il (elle) vous invite.
C. Il (elle) a oublié sa carte de crédit.
Votre réponse : ☐ A ☐ B ☐ C

8 Avant de vous quitter :
A. Il (elle) fixe un autre rendez-vous.
B. Il (elle) dit : « Je t'appelle ».
C. Il (elle) vous embrasse.
Votre réponse : ☐ A ☐ B ☐ C

9 Le couple d'à côté semble avoir des soucis avec le petit dernier qui piaille sans arrêt. Il (elle) commente en disant :
A. Je connais un truc terrible pour qu'il s'arrête de pleurer, vous permettez.
B. Et vous, vous en voulez combien ?
C. Les lardons, quelle plaie !
Votre réponse : ☐ A ☐ B ☐ C

10 Son téléphone cellulaire se met à sonner :
A. Il (elle) décroche et parle pendant un bon bout de temps.
B. Il (elle) l'éteint en s'excusant.
C. Il (elle) l'a éteint en arrivant.
Votre réponse : ☐ A ☐ B ☐ C

Cotation

Entourez dans le tableau, les symboles correspondant au choix de vos réponses. Puis, pour connaître votre profil, comptez le nombre de symboles 🏆, ♥ ou 👄 que vous avez obtenus.

Réponse / Question	1	2	3	4	5	6	7	8	9	10
A	♥	♥	♥	🏆	♥	🏆	♥	👄	👄	🏆
B	🏆	👄	🏆	♥	👄	♥	👄	🏆	♥	♥
C	👄	🏆	👄	👄	🏆	👄	🏆	♥	🏆	👄

LES TROIS PROFILS

Vous avez une majorité de ♛
Profil ♛ : Rendez-vous à écourter.

Les signaux ne sont pas très positifs. Certes vous lui avez tapé dans l'œil, et votre coup de cœur tente sa chance, mais sans y mettre les formes, semble-t-il, ni spécialement de conviction. Par ailleurs vous pouvez constater qu'il(elle) ne se donne guère de peine pour vous séduire, ni vous valoriser... Quand l'investissement de départ est moindre, méfiance ! Rappelez-vous la plupart du temps que les premiers moments sont censés être magiques. Alors si ce n'est pas le cas, « les petits nuages roses, le petit plus qui fait la différence... », gardez les yeux grands ouverts et ne vous emballez pas. Vous valez certainement davantage qu'une nuit torride.

Vous avez une majorité de ♥
Profil ♥ : Rendez-vous instructif.

Les signes sont cachés mais prometteurs. C'est une soirée où vous prenez à nouveau conscience que les hommes viennent de Mars et les femmes de Vénus. Le comportement de l'autre vous paraît toujours aussi décalé. Toutefois tout semble signaler que vous ne le (la) laissez pas indifférent(e) et peut-être d'autres rendez-vous seraient profitables pour en savoir plus. Prudence donc, mais restez à l'écoute. On ne se choisit pas par hasard, et même si tout se joue dès le départ, de petites maladresses peuvent juste souligner son trouble.

Vous avez une majorité de ☞
Profil ☞ : Rendez-vous galant.

Le temps s'arrête, c'est lui, c'est elle... Une soudaine légèreté de l'air accompagne votre rendez-vous. Cette impression de déjà vu. Comme une évidence. Les comportementalistes le disent : « C'est lors du premier contact que se mettent en place les ferments de l'idylle. » Une rencontre amoureuse, c'est toujours une part de soi qu'on retrouve dans l'autre. Bref, il semblerait que chacun a son insu soit sous le charme. Profitez-en, lancez-vous et faites la part belle au bonheur. Beaucoup de belles histoires d'amour commencent ainsi.

TEST II
COMMENT SÉDUISEZ-VOUS ?

S'observer, se désirer, laisser planer le doute, cultiver la romance. Au jeu de la séduction, chacun y va de ses armes. Quelles sont vos stratégies ? Découvrez votre potentiel, et mettez toutes les chances de votre côté.

1 Si on devait comparer votre genre de beauté à une actrice, vous seriez plutôt :

Pour elle

A. Marie-Josée Croze.
B. Cameron Diaz.
C. Carole Bouquet.

Pour lui

A. Vincent Lindon.
B. Bruce Willis.
C. John Malkovitch.

Votre réponse : ☐ A   ☐ B   ☐ C

2 Votre devise :

A. Exister, c'est aimer.
B. Exister, c'est s'éclater.
C. Exister, c'est gagner.

Votre réponse : ☐ A   ☐ B   ☐ C

3 Votre endroit idéal pour porter l'estocade :

A. Une crique au clair de lune.
B. Un hôtel derrière la boîte de nuit.
C. Son lit mais pas tout de suite.

Votre réponse : ☐ A   ☐ B   ☐ C

4 Vous avez succombé à son charme. Au premier rendez-vous vous mettez dans votre sac :

Pour elle

A. Des préservatifs parfumés.
B. Votre horoscope.
C. Votre parfum.

Pour lui

A. Des préservatifs.
B. Votre déodorant.
C. Un billet d'avion pour Niagara.

Votre réponse : ☐ A   ☐ B   ☐ C

5 Si vous deviez animer une émission de télévision, ce serait :

A. *Bachelor, le gentleman célibataire.*
B. *Occupation double.*
C. *Claire Lamarche.*

Votre réponse : ☐ A   ☐ B   ☐ C

6 Votre meilleur(e) ami(e) semble trouver votre nouvelle conquête à son goût :

A. Vous lui cédez la place.
B. Vous lui proposez de se joindre à vous.
C. Vous vous arrangez pour ne plus vous voir à trois.
Votre réponse :   ☐ A   ☐ B   ☐ C

7 Pour aimer, quelle est votre saison préférée ?
A. Le printemps.
B. L'hiver.
C. L'été.
Votre réponse :   ☐ A   ☐ B   ☐ C

8 Vous dites de l'élu(e) qu'il(elle) est charmant(e), c'est-à-dire :
A. Attentionné(e).
B. Drôle.
C. Sensuel(le).
Votre réponse :   ☐ A   ☐ B   ☐ C

9 Sur le trottoir, vous bousculez un(e) brun(e) au regard intense et c'est le flash :
A. Vous rouspétez et tournez les talons.
B. Vous engagez chaleureusement la conversation.
C. Vous rougissez et vous mettez à bégayer.
Votre réponse :   ☐ A   ☐ B   ☐ C

10 Vous vous ennuyez ferme. Pour tester votre potentiel séduction, vous choisissez :
A. Une boîte de nuit.
B. Une galerie de peinture.
C. Un dîner chez des amis.
Votre réponse :   ☐ A   ☐ B   ☐ C

Cotation

Entourez dans le tableau, les symboles correspondant au choix de vos réponses. Puis, pour connaître votre profil, comptez le nombre de symboles ♥, 🏆 ou 👄 que vous avez obtenus.

Question \ Réponse	1	2	3	4	5	6	7	8	9	10
A	♥	♥	♥	🏆	♥	👄	♥	♥	👄	🏆
B	🏆	🏆	🏆	👄	🏆	🏆	👄	👄	🏆	👄
C	👄	👄	👄	♥	👄	♥	🏆	🏆	♥	♥

LES TROIS PROFILS

Vous avez une majorité de ♕
Profil ♕ : Séduction libertine.

Vous n'avez pas froid aux yeux, et séduire pour vous, c'est afficher sa sexualité. Vous dévorez tous les magazines qui font la une sur « toutes les manières de le (la) mettre dans sa poche » et en détail. En accord avec votre tempérament, le petit écran donne aussi le ton, avec *Sexe à New York* et autres séries « hot ». Votre méthode est active, avec au programme des sensations extrêmes. Le plaisir avant tout. Quant à la mode, entre le jeu de transparence où l'on n'ignore plus rien de vos dessous, et la taille basse pour exhiber votre nombril, le message est clair. Pour séduire vous dévoilez l'intimité de votre moi érotique.

Vous avez une majorité de ♥
Profil ♥ : Séduction romantique.

Non à la tyrannie de l'image. Vous mettre en valeur par un style vestimentaire est une façon d'exprimer votre personnalité. Mais de là à cultiver un parler cru ou un look porno chic pour sacrifier aux nouveaux totems d'une société hyper désirante... très peu pour vous. Dans la rencontre avec l'autre sexe, vous préférez cultiver d'autres compétences comme la tendresse, la confiance, la sensualité ; et porter un regard d'amour sur l'altérité dérangeante au lieu de chercher à la manipuler. Vous êtes plutôt pour le retour des cours galantes et des sérénades au clair de lune, version 2000 évidemment. Ce qui ne vous empêche pas d'être la bombe sexuelle de votre moitié, uniquement.

Vous avez une majorité de ♥‿
Profil ♥‿ : Séduction mystère.

Vous ne vous sentez pas sainte Nitouche, mais à la limite froid(e). En réalité, vous êtes certainement timide, et rarement en proie à des désirs ardents. Parfois vous pouvez même vous sentir mal à l'aise quand quelqu'un vous plaît, plutôt enclin(e) à prendre la poudre d'escampette. Ou devenir muet(te). Peut-être que vous idéalisez facilement les relations sociales et par conséquent vous inventez de nombreux scénarios catastrophes, avant de vous jeter à l'eau. Ce n'est pas grave, cet aspect peut aussi faire de vous un(e) grand(e) séducteur(trice). Quand vous parlez peu, les autres vous imaginent rapidement chargé(e) d'une histoire passionnante et mystérieuse, dépositaire d'un million de secrets.

TEST III
LOVE STORY OU AVENTURE ?

Attraction sexuelle ou joute amoureuse... Lorsque quelqu'un vous plaît, il est parfois difficile de démêler vos pulsions de vos sentiments. Le tout est d'y voir clair, histoire de ne pas se tromper d'idylle. Déterminez ce qui vous motive au moment de la rencontre.

1 Qu'est-ce qui vous a tout de suite attiré chez lui (elle) ?
A. Sa personnalité.
B. Son côté sexy.
Votre réponse :   ☐ A   ☐ B

2 Partir en week-end ensemble :
A. Y a pas le feu.
B. Vous en rêvez.
Votre réponse :   ☐ A   ☐ B

3 Vous êtes plutôt noctambule, votre partenaire est davantage casanier(e). Vous pensez :
A. On est opposés.
B. On est complémentaires.
Votre réponse :   ☐ A   ☐ B

4 En ce moment vous écoutez plutôt :
A. Céline Dion.
B. Madonna.
Votre réponse :   ☐ A   ☐ B

5 Dans l'ordre vous établissez vos priorités de la façon suivante :
A. Le boulot, les amis, lui.
B. Lui, les amis, le boulot.
Votre réponse :   ☐ A   ☐ B

6 Il (elle) aime passer des soirées avec ses amis, sans vous :
A. C'est parfait, vous aussi.
B. Vous devenez hystérique.
Votre réponse :   ☐ A   ☐ B

7 Vous avez envie de faire l'amour :
A. Après un moment agréable.
B. Tout le temps.
Votre réponse :   ☐ A   ☐ B

8 Vous pensez à lui (elle) en lisant :
A. *Éloge du mariage.*
B. *Les Liaisons dangereuses.*
Votre réponse : ☐ A ☐ B

9 Il (elle) vous raconte sa vie, ses coups de cœur et ses 400 coups...
A. Vous ne l'écoutez pas, occupé(e) à enchaîner les positions du kamasutra.
B. Vous l'écoutez, attendri(e), avec une pointe de jalousie.
Votre réponse : ☐ A ☐ B

10 Après un dîner romantique au restaurant :
A. Vous sortez au cinéma.
B. Vous rentrez chez vous, vous aimer.
Votre réponse : ☐ A ☐ B

11 Vous vous êtes quittés ce matin. Quand vous vous décidez à l'appeler, il est :
A. 10 h du soir.
B. 10 h du matin.
Votre réponse : ☐ A ☐ B

Cotation

Entourez dans le tableau, les symboles correspondant au choix de vos réponses. Puis, pour connaître votre profil, comptez le nombre de symboles ♟, ♥ ou 👄 que vous avez obtenus.

Réponse \ Question	1	2	3	4	5	6	7	8	9	10	11
A	♥	♟	♟	♥	♟	♥	♥	♥	♟	♥	♟
B	♟	♥	♥	♟	♥	♟	♟	♟	♥	♟	♥

LES DEUX PROFILS

Vous avez une majorité de ♟
Profil ♟ : Trouble sentimental.

Vous avez du désir pour l'autre mais pas seulement... Apparemment vous êtes sensible à son charme et les sentiments s'en mêlent. Vous avez envie d'en savoir davantage, rencontrer ses amis, sa famille, et partager des activités qu'il(elle) aime, bref, le (la) connaître et l'apprécier tel qu'il(elle) est. Vous seriez plutôt enclin(e) à lui faire une place particulière dans votre cœur. Chez vous, le sexe n'est pas compulsif, mais véritablement un élan de l'un vers l'autre dans sa dimension également érotique. Pour une relation longue durée, vous savez aussi qu'il faut respecter l'espace de liberté de chacun.

Vous avez une majorité de ♥
Profil ♥ : Attraction sexuelle.

Vous êtes attirés l'un par l'autre, et c'est plutôt de l'ordre du désir. La nature de cette idylle est sans doute motivée par une attraction sexuelle. À chacune de vos rencontres, vous pensez plus à vous ruer l'un sur l'autre qu'à échanger des propos culturels. *A priori* vous ne risquez pas d'investir ensemble dans l'immobilier pour y élever vos nombreux enfants, mais plutôt de faire la liste de vos fantasmes communs. Et alors... il y a un temps pour tout. Si vous vous laissez aller à vos pulsions, mettez la culpabilité de côté et soyez clair(e) sur la nature de votre penchant. Vous êtes de nature sensuelle, vous savez prendre les choses comme elles viennent, et en profiter. À ce jour vous prenez beaucoup de plaisir ensemble, demain on verra bien.

TEST IV
ÊTES-VOUS INTIME OU ÉTRANGER ?

En amour, il y a ceux qui sont complices et les autres. Moments privilégiés, petits cadeaux, grosses surprises... Quand on se connaît bien, qu'on s'estime, il est possible de deviner les pensées de l'autre, voire même de devancer ses désirs. Déterminez quel est le degré d'intimité que vous entretenez avec votre partenaire.

1 Au détour de vos tribulations dans la journée, vous passez devant une épicerie italienne. Que faites-vous ?
A. Vous faites quelques emplettes, il (elle) adore.
B. Vous êtes déjà chargé(e), vous passez sans vous arrêter.
C. Vous lui passez un coup de fil pour savoir ce qui lui ferait plaisir.
Votre réponse : ☐ A   ☐ B   ☐ C

2 Échangez-vous des petits mots doux dans la journée ?
A. Vous l'appelez, juste pour lui dire je t'aime.
B. Vous l'embrassez le soir en rentrant.
C. Vous lui laissez un mot doux sur la table du déjeuner.
Votre réponse : ☐ A   ☐ B   ☐ C

3 Il vous arrive de penser à la même chose au même moment :
A. Jamais.
B. Souvent.
C. Parfois.
Votre réponse : ☐ A ☐ B ☐ C

4 Lors d'un dîner chez des amis, vous évoquez votre dernier week-end en amoureux :
A. En riant.
B. Avec amertume.
C. En vous prenant la main tendrement.
Votre réponse : ☐ A ☐ B ☐ C

5 Ce soir, vous n'avez pas envie de faire l'amour, lui (elle) oui :
A. Vous lui faites plutôt un gros câlin.
B. Vous le lui dites librement.
C. Vous cédez à contrecœur.
Votre réponse : ☐ A ☐ B ☐ C

6 La salle de bain est un lieu de « l'intime » par excellence :
A. Vous y allez chacun votre tour.
B. Vous aimez y pendre des bains ensemble.
C. Le week-end vous vous y retrouvez.
Votre réponse : ☐ A ☐ B ☐ C

7 Au début les petits et gros travers passent inaperçus et aujourd'hui :
A. Vous composez avec.
B. Vous les supportez difficilement.
C. Vous en parlez.
Votre réponse : ☐ A ☐ B ☐ C

8 Quel serait pour vous le mot clé du couple qui dure ?
A. La communication.
B. La rivalité.
C. La complicité.
Votre réponse : ☐ A ☐ B ☐ C

9 Quand il (elle) vous dit : « vacances d'hiver dans les Laurentides », vous pensez illico :
A. Séjour dans le Sud.
B. Génial, j'en ai justement très envie.
C. Pourquoi pas, parlons-en.
Votre réponse : ☐ A ☐ B ☐ C

10 Il est 21 h 30 et il (elle) rentre enfin du boulot. Que fait-il (elle) en premier lieu ?
A. Il (elle) se jette sur le téléphone pour réserver un resto que vous adorez.
B. Il (elle) se jette sur vous et le canapé pour vous raconter sa journée.
C. Il (elle) allume la télé.
Votre réponse : ☐ A ☐ B ☐ C

11 Pour vous, le petit déjeuner au lit, c'est :
A. Au grand jamais.
B. Le rendez-vous câlin du dimanche matin.
C. Le moment d'évoquer vos projets.
Votre réponse : ☐ A ☐ B ☐ C

12 Une fois par semaine vous avez une activité commune :
A. Vous pratiquez le yoga.
B. Vous jouez au tennis.
C. Vous jouez aux échecs.
Votre réponse : ☐ A ☐ B ☐ C

Cotation

Entourez dans le tableau, les symboles correspondant au choix de vos réponses. Puis, pour connaître votre profil, comptez le nombre de symboles 🏆, ♥ ou 💋 que vous avez obtenus.

Question / Réponse	1	2	3	4	5	6	7	8	9	10	11	12
A	🏆	♥	💋	♥	🏆	💋	🏆	♥	💋	🏆	💋	🏆
B	💋	💋	🏆	💋	♥	🏆	💋	💋	🏆	♥	🏆	💋
C	♥	🏆	♥	🏆	💋	♥	♥	🏆	♥	💋	♥	♥

LES TROIS PROFILS

Vous avez une majorité de 🏆
Profil 🏆 : Vous jouez la carte de l'intime.

Pas de doute vous vous êtes frottés à la vie à deux et le courant passe bien avec lui (elle). L'intimité ça vous connaît, et vous semblez vous être choisis d'un commun accord. Votre relation repose sur des bases solides. Les décisions sont prises en commun, et la confiance règne. Vous vous devinez plus que vous vous expliquez : inutile d'en parler pendant des heures. La relation est rassurante. Toutefois, vous êtes presque fusionnel(le). À tout connaître de l'autre, ou presque, vous risquez de passer à côté d'une certaine forme de mystère, néanmoins nécessaire pour entretenir la flamme. N'hésitez pas à le (la) surprendre et à jouer de vos différences, qui certainement existent.

Vous avez une majorité de ♥
Profil ♥ : Vous jouez la carte de la communication.

Vous communiquez allégrement pour échanger des informations avec lui (elle) afin de mieux le (la) connaître. C'est une étape nécessaire pour définir les territoires et la zone d'intimité. Vous cherchez votre équilibre pour partager l'un et l'autre votre vie, sans perdre votre identité. Vous tenez à votre jardin secret, ne serait-ce qu'un tiroir, dans lequel votre partenaire ne fouille pas. Y compris pour y chercher un rouleau de scotch, ou la paire de ciseaux. Votre zone d'intimité ne se résume pas à un espace matériel, elle réclame également un temps de pause dans l'horaire : par exemple, pouvoir sortir sans avoir à rendre de compte à sa moitié. C'est cette liberté qui vous rapproche de l'autre.

Vous avez une majorité de 👄
Profil 👄 : Vous jouez la carte de la distance.

On dirait qu'il existe comme un fossé entre vous et lui (elle). Peut-être êtes-vous au début de la relation, dans ce cas pas de panique. Dans le cas inverse, vous semblez presque être des étrangers l'un pour l'autre. Peut-être avez-vous un tempérament mystérieux, et vous ne dévoilez pas votre jardin secret à tout va. Parfois ça peut-être aussi un moyen de fuir l'intimité avec laquelle vous n'êtes pas si à l'aise. Toutefois, rappelez-vous que la communication est une des clés du couple, et sans aller jusqu'à tout vous dire, vous pourriez essayer de vous dévoiler davantage et de vous mettre à l'écoute de l'autre. Investissez-vous davantage, et passez du temps ensemble... Pour devenir plus intime.

TEST V
ÊTES-VOUS FUSIONNEL(LE) OU INDÉPENDANT(E) ?

Collés-serrés toute la journée, ou hésitations à partager son paillasson... En amour, il y a ceux (celles) qui fonctionnent à l'affectif et d'autres pour qui la liberté est une valeur vitale. Pour en savoir plus sur votre conception de l'amour, évaluez quel est votre mode relationnel.

1 Le soir, vous lui racontez votre journée :
A. En détail.
B. Ça dépend s'il(elle) est fatigué(e).
C. Vous envisagez plutôt la soirée à venir.
Votre réponse : ☐ A   ☐ B   ☐ C

2 L'été, vous partez vous dorer à Ogunquit :
A. À plusieurs, avec d'autres couples d'amis.
B. Seul(e) avec un(e) ami(e).
C. Ensemble, évidemment.
Votre réponse : ☐ A   ☐ B   ☐ C

3 Prendre un appartement séparé, c'est :
A. Jamais de la vie.
B. La clé pour durer.
C. Une opportunité d'infidélité.
Votre réponse : ☐ A   ☐ B   ☐ C

4 Vous avez envie de lui arracher sa chemise :
A. Quand l'ambiance est à l'orage.
B. Après son séminaire d'une semaine à Los Angeles.
C. Après une balade en montagne, tous les deux.
Votre réponse : ☐ A   ☐ B   ☐ C

5 Il (elle) vous adore, mais quand les reproches fusent, il (elle) vous dit :
A. Tu m'étouffes.
B. Tu sors encore.
C. Tu ne me dis plus je t'aime.
Votre réponse : ☐ A   ☐ B   ☐ C

6 Votre couple est en crise :
A. Vous faites une pause.
B. Vous entamez le dialogue.
C. Vous sanglotez toute la journée.
Votre réponse : ☐ A   ☐ B   ☐ C

7 Dans la journée vous l'appelez sur son cellulaire,
A. 3 fois par jour.
B. C'est lui (elle) qui appelle.
C. Seulement en cas d'urgence.
Votre réponse : ☐ A   ☐ B   ☐ C

8 Il (elle) vous demande en mariage, que répondez-vous ?
A. Pas question de se laisser piéger.
B. Oui, j'en rêvais.
C. S'engager, je vais réfléchir...
Votre réponse : ☐ A ☐ B ☐ C

9 Il vous propose de monter une affaire. Pour vous, travailler ensemble, c'est :
A. Un vrai bonheur.   B. Un cauchemar.   C. Un tue-l'amour.
Votre réponse : ☐ A ☐ B ☐ C

10 Il (elle) adore *Matrix* :
A. Vous pas trop, si on allait au restaurant.
B. Vous aussi, vous y courez dès la sortie.
C. Vous pas du tout, il (elle) y va seul(e).
Votre réponse : ☐ A ☐ B ☐ C

11 Il invite les Rose, son couple d'amis, à dîner :
A. D'accord, mais j'invite aussi ma copine Marie.
B. OK, mais ma soirée est déjà prise !
C. Bravo, une occasion de se mettre au fourneau ensemble.
Votre réponse : ☐ A ☐ B ☐ C

12 Votre partenaire ronfle :
A. Vous trouvez ça charmant.
B. Vous dormez à côté.
C. Vous mettez des boules Quies.
Votre réponse : ☐ A ☐ B ☐ C

Cotation

Entourez dans le tableau, les symboles correspondant au choix de vos réponses. Puis, pour connaître votre profil, comptez le nombre de symboles 🏆, ♥ ou 👄 que vous avez obtenus.

Question / Réponse	1	2	3	4	5	6	7	8	9	10	11	12
A	🏆	♥	🏆	🏆	🏆	👄	🏆	👄	🏆	♥	♥	🏆
B	♥	👄	👄	👄	👄	♥	♥	♥	👄	🏆	👄	👄
C	👄	🏆	♥	♥	♥	🏆	👄	🏆	♥	👄	🏆	♥

LES TROIS PROFILS

Vous avez une majorité de ♈
Profil ♈ : Vous êtes fusionnel(le).

Dès que vous avez étiqueté votre partenaire « homme (femme) de ma vie », vous avez tendance à rêver, mariage en blanc, week-end à New York et tribu d'enfants... Bref vous fourmillez de projets en duo. De type dépendant(e) affectif(ve), votre besoin d'être aimé(e) est important, comme votre capacité à aimer, d'ailleurs. Généreux(se), fidèle, attentionné(e)... une histoire d'amour, c'est sérieux. Attention : à force de fusionner avec l'autre, vous risquez de vous perdre de vue. Si vous n'organisez plus rien à l'avance sans le consulter, que tout dépend de son humeur : il est temps de réagir. Avoir des activités sans l'autre, prendre de la distance, c'est bon pour le désir.

Vous avez une majorité de ♥
Profil ♥ : Vous êtes autonome.

Bravo, vous êtes de l'étoffe de ceux (celles) qui construisent des couples longue durée. Votre grande autonomie affective est réelle, et vous n'êtes pas prêt(e) à tout pour une manifestation de tendresse. Cela vous confère certaines qualités : vous n'êtes ni envahissant(e), ni possessif(ve). Vous savez donner, réclamer aussi... et prendre l'air. Votre partenaire, vous l'avez choisi(e), vous l'aimez mais vous savez jouer fin, et ne pas vous trouver forcément là où il(elle) vous attend. Sympa mais pas trop, vous savez ce que vous voulez sans vous conduire en petit tyran ou jouer aux hystériques. Ni l'un sur l'autre, ni l'un sans l'autre, entre trop et pas assez, vous savez trouver la bonne distance et susciter confiance et complicité.

Vous avez une majorité de 👄
Profil 👄 : Vous êtes indépendant(e).

Vivre ensemble oui, mais séparément. L'indépendance (affective) est votre credo amoureux. Appartements séparés, comptes séparés, vacances séparées... L'engagement peut réveiller chez vous la peur de souffrir, suite à des expériences difficiles et vous vous montrez prudent(e). Quant à votre besoin de liberté : il est de taille ! Un comportement qui présente aussi des avantages, puisque chaque rendez-vous est quasi une nouvelle rencontre ; vous ne risquez donc pas de sombrer dans la routine. Certainement très exigeant(e), vous profitez aussi de ce moyen pour préserver une image idéale. Il va falloir vous frotter à l'intimité pour aussi lui laisser voir votre vraie personnalité.

TEST VI
ÊTES-VOUS CIGALE OU FOURMI ?

Compte commun ou comptes séparés? L'argent dans le couple est révélateur de votre personnalité. La manière dont il est géré en dit souvent long sur les rapports homme-femme et la place symbolique que chacun octroie à l'autre. Pour en savoir plus sur le rôle que vous jouez dans le couple, déterminez votre rapport à l'argent.

1 Vous gagnez plus d'argent que votre partenaire. Au restaurant, le plus souvent qui paie?
  A. Lui (elle).
  B. Vous.
  C. Moitié-moitié.
  Votre réponse :   □ A   □ B   □ C

2 Dans votre couple :
  A. Vous êtes indépendant(e) financièrement.
  B. Vous l'entretenez.
  C. Vous êtes entretenu(e).
  Votre réponse :   □ A   □ B   □ C

3 En matière de gros et petits sous :
  A. Vous gérez.
  B. Vous flambez.
  C. Vous épargnez.
  Votre réponse :   □ A   □ B   □ C

4 Pour vous l'argent c'est un symbole de :
  A. Pouvoir.
  B. Liberté.
  C. Plaisir.
  Votre réponse :   □ A   □ B   □ C

5 Vous êtes un(e) adepte :
  A. Du compte commun.
  B. Des comptes séparés.
  C. Du partage égalitaire des dépenses communes.
  Votre réponse :   □ A   □ B   □ C

6 Si vous deviez évoquer l'argent dans votre couple :

A. L'argent se gère et s'épargne.

B. L'argent s'additionne et se partage.

C. L'argent se divise et divise.

Votre réponse : ☐ A ☐ B ☐ C

7 Que feriez-vous si vous étiez riche ?

A. Une année sabbatique à deux.

B. Investir dans une affaire.

C. Une grosse folie et au boulot !

Votre réponse : ☐ A ☐ B ☐ C

8 Quelle phrase est la plus proche de votre état d'esprit ?

A. Il faut mettre de l'argent de côté pour avoir de l'argent devant soi.

B. On fait des repas pour se divertir, le vin rend la vie joyeuse, et l'argent répond à tout.

C. Un homme sans argent est un bateau sans voile.

Votre réponse : ☐ A ☐ B ☐ C

9 Votre film préféré :

A. *La Couleur de l'argent.*

B. *Ah ! si j'étais riche...*

C. *Le Coût de la vie.*

Votre réponse : ☐ A ☐ B ☐ C

10 Dans votre entourage qui connaît le montant de votre salaire ?

A. Personne, pas même vous.

B. Votre partenaire.

C. Il suffit de vous le demander.

Votre réponse : ☐ A ☐ B ☐ C

11 Vous avez une réelle difficulté à :

A. Être à découvert.

B. Faire des économies.

C. Réclamer l'argent que vous avez prêté.

Votre réponse : ☐ A ☐ B ☐ C

Cotation

Entourez dans le tableau, les symboles correspondant au choix de vos réponses. Puis, pour connaître votre profil, comptez le nombre de symboles 🏆, ♥ ou 👄 que vous avez obtenus.

Réponse \ Question	1	2	3	4	5	6	7	8	9	10	11
A	🏆	♥	♥	🏆	👄	♥	👄	♥	👄	🏆	♥
B	👄	👄	👄	♥	🏆	👄	♥	👄	🏆	♥	🏆
C	♥	🏆	🏆	👄	♥	🏆	🏆	🏆	♥	👄	👄

LES TROIS PROFILS

Vous avez une majorité de 🏆
Profil 🏆 : L'argent conflit.

Les comptes sont séparés, et vous vous êtes peut-être arrangé(e) pour ne pas dépendre financièrement de l'autre. D'ailleurs, il vous arrive souvent de gagner plus d'argent que votre partenaire, ce qui peut même dans certains cas vous conférer un certain pouvoir. À commencer par celui de le (la) quitter, quand l'amour n'est pas à la hauteur de vos attentes. Il vous arrive de ne pas savoir où vous en êtes dans vos comptes. En fait, vous aimez certainement jouir des plaisirs matériels et amoureux avec une certaine intensité. Attention toutefois, vivre en permanence au-dessus de ses moyens, peut signaler aussi un manque de maturité.

Vous avez une majorité de ♥
Profil ♥ : L'argent fourmi.

Chacun son compte en banque, mais vous êtes sans doute adepte du partage égalitaire des dépenses communes : vous concevez l'amour comme une relation d'égalité. Vous connaissez certainement la valeur de l'argent et vous êtes rarement du genre à mettre en danger l'équilibre du foyer, par des achats intempestifs. Vous êtes plutôt porté(e) à épargner, à mettre de l'argent de côté, attention toutefois de ne pas céder à la crainte d'en manquer. Sous des prétextes de gestion de budget fort louables, vous pouvez aussi cacher un manque de confiance en vous, et en la vie, que vous diffusez dans votre couple. Parfois s'offrir une petite folie fait du bien à tout le monde.

Vous avez une majorité de ☙
Profil ☙ **: L'argent bonheur.**

Quand on aime on ne compte pas. Avec vous, l'argent s'additionne et représente la liberté, celle de flamber et de dire votre amour. Et il vous semble plus naturel de mettre en commun ce que chacun gagne. Si l'un des deux arrêtait de travailler, le compte resterait commun, bien sûr. L'argent arrondit aussi les angles dans votre couple, car on sait bien que tout n'est pas toujours rose. Alors en cas de litige, vous n'hésitez pas non plus à offrir, pour vous faire pardonner bien sûr. Attention toutefois à ne pas tendre votre portefeuille, quand on vous demande des mots affectueux. L'amour, c'est aussi donner de soi.

TEST VII
SAVEZ-VOUS GÉRER LES CONFLITS ?

« Couples : pour durer engueulez-vous ! », disent certains psys. S'il est vrai que certains « coups de gueule » sont inévitables, inutile toutefois d'en faire un mode relationnel chronique. Et vous, savez-vous gérer la crise, ou bien préférez-vous la provoquer à la moindre occasion ?

1 Votre maman vous a toujours dit : « Les crises, il faut les éviter. » Et vous qu'en pensez-vous ?
A. Elles sont nécessaires et révélatrices.
B. Elles sont inévitables et épuisantes.
C. Elles sont inutiles et dangereuses.
Votre réponse : ☐ A   ☐ B   ☐ C

2 Vos proches disent que vous avez :
A. L'esprit de contradiction.
B. L'esprit diplomate.
C. L'esprit d'approbation.
Votre réponse : ☐ A   ☐ B   ☐ C

3 À la fin de la journée, quand vous vous retrouvez tous les deux, vous l'accueillez avec :
A. Des reproches plein la bouche.
B. Des mots d'amour.
C. Le compte rendu de la journée.
Votre réponse : ☐ A   ☐ B   ☐ C

4 Il est 21 h 00, vous préparez le repas et vous vous apercevez que vous n'avez plus d'huile :

A. Vous explosez, contre votre moitié.

B. Vous sonnez chez le voisin.

C. Vous vous en prenez à vous-même.

Votre réponse : ☐ A ☐ B ☐ C

5 Votre partenaire est un (e) as en cuisine, vous beaucoup moins. Vous préparez ensemble un dîner sympa pour vos amis, et il(elle) se montre directif(ve) :

A. C'est lui qui sait, alors...

B. Ça vous agace, mais bon !

C. Vous lui faites remarquer, vertement.

Votre réponse : ☐ A ☐ B ☐ C

6 Au cours d'une soirée la conversation tourne autour de Houellebecq que votre partenaire encense. Vous détestez et vous dites :

A. Je vais le relire.

B. Quel grand auteur, d'ailleurs dans le passage...

C. Ces propos sont stériles.

Votre réponse : ☐ A ☐ B ☐ C

7 Vous faites la queue pour acheter votre billet à la gare. Une personne au guichet est là depuis plus d'une demi-heure :

A. Vous vociférez en prenant à partie les personnes derrière.

B. Vous lui signalez gentiment qu'elle n'est pas toute seule.

C. Vous savez faire preuve de patience.

Votre réponse : ☐ A ☐ B ☐ C

8 Quand vous avez des mots avec votre partenaire :

A. Vous dormez mal.

B. Vous boudez.

C. Vous réfléchissez.

Votre réponse : ☐ A ☐ B ☐ C

9 Vous pensez souvent que les autres n'assurent pas :

A. C'est d'ailleurs vrai.

B. Ça arrive parfois.

C. Ça s'applique surtout à moi.

Votre réponse : ☐ A ☐ B ☐ C

10 Votre partenaire vous reproche d'avoir fait le joli cœur, au cours d'une soirée :

A. Il (elle) a raison, vous êtes parfois séducteur(trice).

B. C'est faux mais vous ne bronchez pas.

C. Vous ne supportez pas sa critique.

Votre réponse :   ☐ A   ☐ B   ☐ C

11 Il(elle) rentre guilleret(te) de son congrès annuel, des étoiles dans les yeux. Après filature, vous découvrez le pot aux roses : il (elle) vous trompe. Que faites-vous ?

À. Choisis : c'est lui (elle) ou moi.

B. Vous en parlez.

C. Vous pleurez.

Votre réponse :   ☐ A   ☐ B   ☐ C

12 Vous avez rendez-vous avec une amie, pour une expo. Elle se pointe avec une demi-heure de retard :

A. Vous faites comme si de rien n'était.

B. Vous lui montrez l'heure, d'un air renfrogné.

C. Vous lui signifiez, « C'est la dernière fois. ».

Votre réponse :   ☐ A   ☐ B   ☐ C

Cotation

Entourez dans le tableau, les symboles correspondant au choix de vos réponses. Puis, pour connaître votre profil, comptez le nombre de symboles 🏆, ♥ ou 👄 que vous avez obtenus.

Question / Réponse	1	2	3	4	5	6	7	8	9	10	11	12
A	🏆	♥	♥	♥	👄	🏆	♥	👄	♥	🏆	♥	👄
B	♥	🏆	👄	🏆	🏆	👄	🏆	♥	🏆	👄	🏆	🏆
C	👄	👄	🏆	👄	♥	♥	👄	🏆	👄	♥	👄	♥

LES TROIS PROFILS

Vous avez une majorité de 🏆

Profil 🏆 : Vous êtes conflictuel(le).

Vous êtes sûr(e) de vous, (parfois un peu trop) et vous n'êtes pas loin de penser que vous savez ce qui est bon pour vous et par conséquent votre couple. Par ailleurs, vous n'êtes pas prêt(e) à céder du terrain sur vos idées, parfois par pur esprit de contradiction. C'est comme ça, la dispute vous stimule et quand vous voulez quelque chose, batailler pour l'obtenir ne vous fait pas peur. Quitte à bousculer le rythme de l'autre, ou ne pas tenir compte de ce qu'il pense.

Attention toutefois à ne pas user d'ultimatums, sans raison, et à mettre la pression juste par habitude ou par goût. Essayez d'adoucir vos travers et de respecter ceux de l'autre. Un peu de délicatesse ne nuit pas quand on tient à l'autre.

Vous avez une majorité de ♥
Profil ♥ : Vous êtes conciliateur.

Avec vous on peut discuter. Vous respectez les autres, à commencer par votre partenaire, et ce qu'ils pensent vous importe. Vous savez en tenir compte, sans pour autant être toujours d'accord avec. Toutefois inutile de monter le ton pour vous faire comprendre, hormis si cela est vraiment nécessaire. Dans ce cas vous n'hésiterez pas à faire valoir votre droit. Votre nature est facilement confiante, et vous préférez instaurer une relation amoureuse basée sur le respect, l'équipe en quelque sorte, plutôt que le conflit. Au lieu de prendre l'autre comme le bouc émissaire de vos difficultés, vous préférez en parler... Peut-être même qu'il a des solutions là où vous patinez.

Vous avez une majorité de 👄
Profil 👄 : Vous êtes timide.

Peu enclin(e) à la dispute, vous êtes tolérant(e). En réalité, vous avez horreur des conflits. Les disputes, très peu pour vous. Vous préférez attendre que l'orage passe, s'il se déclenche. Toutefois comme vous n'attendez en aucun cas que l'autre se plie à votre opinion, il y a peu de chance que cela arrive. Du coup vous êtes facile à vivre. Patient(e) de nature, vous n'êtes pas du genre girouette ou colérique. Quand quelque chose ne vous plaît pas, vous vous raisonnez. Attention tout de même à formuler ce qui vous tient à cœur. L'autre ne vous devine pas et vos silences, y compris en cas de crises, peuvent être mal interprétés. Il y a une différence entre ne pas brusquer et renoncer.

TEST VIII
QUELLE RELATION ENTRETENEZ-VOUS AVEC VOS EX ?

Vous vous aimiez, vous vous êtes quittés... Enfin pas toujours. Ennemi, confident ou abonné absent, un(e) ex peut prendre bien des visages et vos relations avec lui (elle) en disent long sur votre personnalité amoureuse. Ne dit-on pas : « On s'est aimé comme on se quitte » ? Déterminez à quelle tribu vous appartenez.

1 Vous apprenez que votre ex vient d'emménager dans votre quartier :
A. Ça vous fait plaisir.
B. Ça vous contrarie.
C. Ça vous est égal.
Votre réponse :   ☐ A   ☐ B   ☐ C

2 Dans votre album photo :
A. Vous avez enlevé celles de vos ex.
B. Vous avez jeté l'album.
C. À chaque période son album...
Votre réponse :   ☐ A   ☐ B   ☐ C

3 Il vous arrive de parler de vos ex à votre partenaire actuel(le) :
A. Avec tendresse.
B. Avec agressivité.
C. Jamais.
Votre réponse :   ☐ A   ☐ B   ☐ C

4 Lors d'une rupture, en général :
A. C'est vous qui partez.
B. C'est lui (elle) qui part.
C. Vous avez pris la décision ensemble.
Votre réponse :   ☐ A   ☐ B   ☐ C

5 C'est décidé, vous allez vous marier. Vous établissez la liste des invités :
A. Vous invitez vos ex.
B. Vous le leur faites savoir sans plus.
C. Vous n'avez pas leurs coordonnées.
Votre réponse :   ☐ A   ☐ B   ☐ C

6 Quand vous pensez au passé, vous le faites le plus souvent :
A. En riant.
B. En pleurant.
C. Seul demain vous intéresse.
Votre réponse :   ☐ A   ☐ B   ☐ C

7 Quand vous avez rompu, vous l'avez vécu comme :
A. Un échec.
B. Un chagrin.
C. Une renaissance.
Votre réponse :   ☐ A   ☐ B   ☐ C

8 Une rupture, c'est :
A. Un long cheminement.
B. Une révélation éclair.
C. Après avoir tout essayé.
Votre réponse :   ☐ A   ☐ B   ☐ C

9 Votre meilleur souvenir avec lui (elle) :
A. Votre ex vous faisait grimper au septième ciel.
B. Votre ex et vous avez des enfants.
C. Votre ex vous emmenait en voilier dans les Antilles.
Votre réponse :   ☐ A   ☐ B   ☐ C

10 Vous traversez une mauvaise passe avec votre amour actuel :
A. Vous maudissez votre ex, et vos répétitions amoureuses désastreuses.
B. Vous appelez votre ex pour lui confier vos larmes et attendre ses conseils.
C. Vous donnez rendez-vous à une copine pour aller voir une comédie américaine et relativiser.
Votre réponse :   ☐ A   ☐ B   ☐ C

11 Dans une relation, qu'est-ce qui peut vous pousser à partir ?
A. Une infidélité.
B. Une frustration affective.
C. Son départ.
Votre réponse :   ☐ A   ☐ B   ☐ C

Cotation

Entourez dans le tableau, les symboles correspondant au choix de vos réponses. Puis, pour connaître votre profil, comptez le nombre de symboles 🏆, ♥ ou 👄 que vous avez obtenus.

Réponse \ Question	1	2	3	4	5	6	7	8	9	10	11
A	👄	♥	👄	🏆	👄	♥	🏆	♥	🏆	🏆	🏆
B	🏆	🏆	🏆	♥	♥	👄	👄	🏆	👄	👄	♥
C	♥	👄	♥	👄	🏆	🏆	♥	👄	♥	♥	👄

LES TROIS PROFILS

Vous avez une majorité de ♈
Profil ♈ : Vous êtes comme chien et chat.

Vous leur en voulez toujours! Vous ne les voyez plus mais la relation est restée de type passionnel. Quand vous en parlez, c'est encore avec de l'agressivité, un peu comme s'il n'y avait pas eu d'explications sur ce qui c'est passé. Il faut dire que vous êtes plutôt impulsif(ve), votre atout charme, mis à part que les explications ne sont pas votre fort. Ça passe ou ça casse. D'ailleurs vos histoires amoureuses démarrent souvent sur les chapeaux de roue. Vous êtes du type à clamer à qui veut l'entendre que c'est l'homme, ou la femme de votre vie. Jusqu'à ce que ça ne marche plus. La plupart du temps vous rompez sur un coup de tête, sans réfléchir. À ce titre, il est possible que vous viviez vos ruptures comme des échecs : peut-être même votre orgueil en prend-il un coup. Rompre est une fuite en avant.

Vous avez une majorité de ♥
Profil ♥ : Vous êtes aux abonnés absents.

Vous avez passé l'éponge, mais vous ne cherchez pas à les revoir. Si d'aventure, le hasard vous réunit, vous avez encore beaucoup de tendresse. Quand vous rompez, ce n'est pas de gaieté de cœur, mais plutôt le fruit d'une réflexion. Si vous sentez que vous avez fait le tour d'une relation, vous allez d'abord dialoguer, non pas partir sur un coup de tête. Mais une fois votre décision prise, vous savez que c'est la bonne. Vous pouvez jeter un œil sur votre passé, avec humour, tout en sachant que la vie c'est ici et maintenant. La séparation, vous connaissez, y compris dans la vie courante, licenciement, déménagement... ont été l'occasion de faire le point sur vos vraies attentes et vos choix de vie. Rompre est davantage vécu comme autant de passages nécessaires dans la vie.

Vous avez une majorité de 👄
Profil 👄 : Vous êtes un(e) confident(e).

Vous parlez de votre ancien(e) partenaire comme d'une bonne copine. De type plutôt maternel (paternel), vous avez du mal à couper le cordon avec vos ex, mais aussi vos anciens boulots, ou bien appartements. La plupart du temps, ce n'est pas vous qui avez pris la décision, alors vous êtes rarement fâché(e). Conserver un lien vous rassure, et vous permet aussi de cultiver une certaine nostalgie. Peu porté(e) sur le conflit, vous privilégiez avant tout le connu et la sécurité. Vous avez du mal à vous distancier en général, alors même quand la rupture est consommée vous gardez un contact. Il se peut également que vous ayez eu des enfants avec vos partenaires.

Évaluation du quotient relationnel

Sur une feuille de papier, tracez un tableau de 8 colonnes correspondant aux 8 tests. Reportez dans chacune des colonnes, les profils obtenus, symbolisés par ♈, ♥ et 👄.

Cotation								
Pour déterminer votre profil, entourez dans la grille les lettres trouvées à l'intersection des lignes de symboles et des colonnes des 8 tests. Comptabilisez ensuite le nombre de A, B ou C. Votre profil est déterminé par la lettre obtenue en plus grand nombre. Ex. : Si au test I, votre profil était ♥, entourez B. Si au test II, votre profil était 👄, entourez C.								

Profil obtenu \ Test	Test I	Test II	Test III	Test IV	Test V	Test VI	Test VII	Test VIII
♥	B	B	A	C	B	C	B	C
♈	C	A	B	A	A	A	A	A
👄	A	C	/	B	C	B	C	B

VOUS AVEZ UN MAXIMUM DE A : VOTRE PROFIL

QUI ÊTES-VOUS ?

Votre profil est de type passionnel.

Vous êtes irrésistible et parfois même il vous arrive d'exagérer. De nature énergique et impulsive, vous pouvez parfois fatiguer votre entourage. Mais grâce à vos multiples attentions de tendresse, on vous pardonne bien vite. Royal(e) et généreux(se) de nature, avec vous la vie est ponctuée de fêtes, et les problèmes du quotidien sont souvent relégués au placard.

Votre mode relationnel est sensoriel. Vous êtes plutôt sympathique et à coup sûr séduisant(e). Dans la relation, votre désir avant tout est d'être aimé(e), une condition *sine qua non* qui peut alors vous amener à aimer en retour. Vous pouvez présenter certaines difficultés à être seul(e), ce qui vous rend dépendant(e), et dans la majorité des cas, vous avez besoin des autres pour vous soutenir, ou encore sortir, faire des choix... Vous vous montrez familier(ère) assez rapidement, là où d'autres peuvent mettre plusieurs lunes à briser la glace, en revanche, vous êtes prêt(e) à des renoncements et à des compromis pour qu'on vous apprécie. Généreux(se) de nature, vous n'hésitez pas à donner de vous-même, avec toutefois un objectif inconscient : être indispensable.

VOUS ET LA RENCONTRE

Qu'elles durent une minute, une vie, une nuit, vos rencontres sont un étincellement de sensations. Picotements, cœur battant, mains moites, tout votre corps est engagé dans l'aventure amoureuse. Bien souvent, c'est le désir qui va motiver votre comportement. En effet, une certaine attraction sexuelle est nécessaire à votre idylle.

Toutefois avec votre profil, le rapport amoureux peut aussi s'inscrire dans une dépendance affective, un autre de vos moteurs d'action. L'autre peut présenter alors les mêmes difficultés que vous. Votre but est alors de le (la) sauver, en quelque sorte. Il (elle) est morose, vous le (la) rendez joyeux(se). Il (elle) est radin(e), vous lui transmettez la générosité... La rencontre permet alors un travail de réparation narcissique, mais qui vous donne le beau rôle. Résultat : vous êtes relativement dépendant(e) de lui (elle), et de l'image (aussi bien négative que positive) que vous en avez. Le (la) perdre c'est tout simplement vous mettre en face de vos propres failles. C'est donc inconcevable.

L'écueil : en cas de dépendance amoureuse, il vous arrive de vous oublier au profit de votre partenaire. Ses besoins, ses désirs passent avant les vôtres, alors vous êtes prêt(e) à tout pour gagner ses faveurs : à plaquer vos amis, à changer vos habitudes... Resto, ciné, look, vous laissez l'élu(e) décider de tout. Le danger, c'est que lorsqu'on fait tout pour s'adapter au désir de l'autre, on risque encore plus de se perdre. Au cœur du problème bien sûr, votre difficulté à être seul(e).

VOUS ET LA SÉDUCTION

Vous avez sans doute à cœur de plaire et de séduire et pour cela vous utilisez tous vos atouts : charme vestimentaire, poses corporelles suggestives, effets de parfum... Vous savez glisser certainement un mot gentil, une phrase ambiguë, un regard complice laissant entendre votre assentiment à une aventure possible. Votre moi est probablement érotique et il s'affiche comme tel. Lorsque vous vous regardez dans la glace vous pensez déjà à la partie de votre corps que vous allez offrir aux regards des autres. Vous êtes une « allumeuse » (un séducteur), mais vous faites cela avec un charme et une désinvolture qui ne laissent personne indifférent. Vous adorez séduire. C'est un jeu sérieux dans lequel vous vous engagez avec professionnalisme et délice.

VOUS ET LE COUPLE

Vous êtes fusionnel(le).

D'après les psy, certains individus ont vécu un sevrage difficile, et ils vivent dans la nostalgie de ce corps à corps qui attache de manière spécifique le nourrisson à sa mère. Un phénomène qui conduit à la fusion, et par rebond à la dépendance. Le problème est le suivant : le (la) partenaire se sent rapidement « dévoré(e) » au lieu de se sentir aimé(e). Quoi qu'il en soit, le modèle du couple fusionnel n'est pas un modèle tenable, aujourd'hui encore moins qu'hier. Prendre un pot avec un copain, ou dîner avec un ex, sans lui dire : « Impensable ! »... au contraire, pensez-y ! Le « je » ne se fond plus dans le « nous », une véritable autonomie est de mise : en clair, mieux vaut cultiver votre individualité. Jusqu'à un certain point, bien sûr.

Il existe également un autre type de dépendance amoureuse : vous pouvez aussi vous « shooter » à l'amour. Pour vous, ce n'est pas tant le partenaire qui compte que les sensations fortes. Du coup, vous êtes dans une quête sans cesse renouvelée, puisque seuls les premiers émois vous retiennent. La lassitude ne manque pas de suivre, et vous pouvez aller chercher ailleurs des sensations.

Vous et la crise

C'est sans doute avec certitude et conviction que vous abordez le monde. Comme si vous saviez ce qui est bon pour vous et, également, pour les autres. C'est peut-être bien là, le hic. En effet, il arrive que votre assurance vous entraîne à ne jamais céder. Alors, si un accroc dans le contrat relationnel ou un reproche injustifié pointent leur nez, vous pouvez facilement démarrer au quart de tour. Vous n'hésitez pas, la plupart du temps, à vous installer dans la dispute, le conflit, l'éclat de voix. Peu importent les arguments de l'autre, ou les circonstances. Vous avez été blessé(e) et vous réclamez justice ! Ainsi vous vous installez, parfois (souvent ?) à tort dans des batailles sans fin, qui finalement stimulent votre libido et trouvent une issue sur l'oreiller, alors que l'écho de vos récriminations n'est pas encore retombé tout à fait.

Vous et l'intime

Vous aimez tout savoir de l'autre. C'est votre conception, un peu excessive de l'intime. On peut dire que dans votre cas, le cellulaire a dû vous soulager de bien des doutes. Aujourd'hui certainement, vous savez où il (elle) est, et ce qu'il (elle) fait... Toutefois, jouer ainsi la carte de la transparence dans la relation amoureuse, c'est prendre peut-être le risque de la banaliser. À se livrer sans réserve à l'autre, vous le (la) privez aussi de faire le chemin vers vous. Or la découverte de l'autre fait partie de la séduction dans le couple. Sans compter l'aspect parfois infantilisant de cette communication à outrance. Lui demander de vous raconter sa journée par le menu de manière systématique, peut le (la) ramener immanquablement à son enfance quand maman lui posait mille questions. À la longue, le désir en prend un coup et vous risquez d'entretenir une relation plus fraternelle qu'amoureuse.

VOUS AVEZ UN MAXIMUM DE Ⓑ : VOTRE PROFIL

QUI ÊTES-VOUS ?

Votre profil est de type sentimental : vous allez où votre cœur vous porte. Prévenant(e) et tendre, à la fois. Nul doute que dans vos bras, on est bien au chaud. D'ailleurs en majorité, lorsque vous aimez, vous épousez. Prenant des initiatives, revendiquant votre indépendance, votre personnalité est attachante. Autonome, vous pouvez servir de soutien aux autres, voire même de référence, en matière d'amour. Vous faites partie de ceux (celles) qui savent se faire aimer. Peser le pour et le contre, prendre des initiatives, sans pour autant devenir autoritaire, n'est pas donné à tout le monde. Et vous êtes un as dans ce domaine. De nature souple, vous savez, sans doute, où céder du terrain, pour servir vos intérêts. Il n'y a que les imbéciles qui ne changent pas d'avis. Vous l'aidez à vous parler, vous tentez de lui offrir le maximum « d'espace d'écoute et d'attention » ! Vous êtes dans le lâcher prise, prêt(e) à surfer sur la vague d'amour quand elle est bonne. Et vous avez du flair.

VOUS ET LA RENCONTRE

Comme nombre de personnes sentimentales, vous cherchez un être qui ressemble à ce que vous pensez être ou ce que vous voudriez être, une sorte de prince charmant ou de belle au bois dormant. Comme un miroir qui renvoie une image positive de vous. Dans votre cas, l'idéalisation est le fondement même de la rencontre amoureuse, et vous éprouvez un fort besoin de rencontrer ce partenaire idéal. De ce point de vue, votre quête est évidemment positive, en effet il ne peut guère y avoir de véritable rencontre sans surévaluation du partenaire. Toutefois pour connaître une véritable histoire d'amour, mieux vaut surmonter et dépasser cet écueil de l'idéalisation. D'autant plus que tomber amoureux(se) de la sorte est aussi une façon de vous évader de la réalité. Et votre partenaire étant lui (elle) bien réel(le), il va bien falloir y faire face.

L'écueil : vous avez tendance à l'idéaliser.

L'autre est merveilleux(se), tendre, prévenant(e). Bref, il(elle) est parfait(e), et vous venez de rencontrer la perle rare, l'amour idéal. Vous êtes faits l'un pour l'autre et vous le clamez haut et fort. Jusque-là, rien d'étonnant. L'état amoureux idéalise l'être aimé, c'est connu. Au début d'une relation, on projette nos fantasmes de bonheur sur lui (elle). Vous ne l'aimez pas lui, mais l'image que vous en avez. Il faut savoir qu'après l'illusion, vient la désillusion. Dès que le train-train quotidien le (la) révélera tel(le) qu'il (elle) est vraiment vous serez tenté(e) de le (la) quitter. Persuadé(e) qu'il (elle) a changé.

Conseils : évitez l'éblouissement du tout début ! Pour cela faites la part de la vérité et de votre imagination. Quelles sont ses qualités ? Est-il drôle, ou bien riez-vous dès qu'il ouvre la bouche ? Sans pour autant pointer ses défauts pour les lui reprocher, prenez conscience des petits travers qu'il pourrait améliorer.

VOUS ET LA SÉDUCTION

La Lune est votre muse, et pour séduire l'élu(e) vous faites avant tout preuve de délicatesse. Fleur bleue, ou bien poète ? Vous affichez un désir de romance et vous vous livrez avec peu de retenue au vertige des confidences intimes. Presque candide. Dîner aux chandelles, balade romantique. Vous suivre dans votre jardin secret peut se révéler une expérience unique : là où le rêve rejoint la réalité pour en faire un moment d'exception. Vous célébrez le sentiment et transcendez le quotidien. Tout en vous semble dire : parlez-moi d'amour. C'est donc avec le parti pris de laisser une chance au merveilleux que vous menez vos rencontres amoureuses. Avec élégance et désinvolture à la fois. Une sensibilité à fleur de peau, vous ne cachez pas votre attirance pour les héros, ou héroïnes, qui embrassent les nouvelles quêtes de notre époque.

VOUS ET LE COUPLE

Vous êtes autonome sentimental(e).

Vous pouvez aimer la simple perspective d'échanger votre brosse à dents avec celle de l'autre. D'ailleurs, vous défendez certainement les vertus du vivre ensemble sous le même toit. Dans votre cas, la vie à deux peut garantir ce que les psys appellent « la transition réelle des instincts égoïstes aux sympathies universelles ». En clair, pour éviter d'avoir un ego gros comme une citrouille et développer des valeurs plus communautaires, rien de tel qu'un petit nid d'amour, où « Là chacun peut apprendre dans le cadre des relations conjugales à se définir comme un individu, non exclusivement seul mais tenant compte des autres », soutient le sociologue François de Singly (*Libres ensemble*, Éd. Nathan). Qu'est-ce que l'amour s'il ne résiste pas à l'épreuve du temps et d'un même espace ? Seule l'expérience peut vous donner de solides pistes de réponses, selon vous.

Vos secrets pour durer.

Vous savez dire oui à la différence. Quand on est d'accord avec la différence, on a une attitude d'ouverture, d'étonnement. Avec vous, on ne peut pas chercher « à faire un ». On se rapproche mais on n'est pas emprisonné. On se caresse, on s'enlace mais jamais on ne se confond, on renonce à envahir, à emprisonner. Au contraire, on s'émerveille à l'idée des richesses que l'on va découvrir. Chaque individu est un monde à part, singulier et original.

Vous savez aussi abandonner vos positions égoïstes de type : puisque tu ne fais pas un geste, moi non plus. Une attitude qu'on ne manque pas d'adopter sous prétexte de développer son identité, ou bien encore de se démarquer de sa mère.

Vous souhaitez également initier de nouvelles lois. Pour garder le cap de l'amour qui dure, même secoué par des vents contraires, il existe mille et une façons : se soutenir dans les moments difficiles, multiplier les attentions, relativiser au lieu de dramatiser, cesser d'interpréter de façon négative les actes de l'autre.

Vous et la crise

De nature conciliante, vous savez tenir compte de la personnalité, évidemment singulière, de votre partenaire, sans pour autant être toujours d'accord avec. Toutefois, quand la crise éclate, que la communication est rompue, vous êtes comme tout le monde, à savoir même une porte de placard laissée ouverte peut être ressentie comme une vraie agression. Le tout est de négocier ce virage difficile pour rejoindre ces couples qui restent unis, bâtis à chaux et à sable, malgré les intempéries. Puisqu'après tout, c'est celui-là (celle-là) que vous avez choisi(e) et pas un(e) autre.

En cas de crise, compte tenu de votre nature, votre objectif va être de sortir du champ de bataille et de réamorcer le dialogue, plus tard, au calme. En cas de conflit, ce n'est pas dans les moments trop chargés émotionnellement qu'il faut communiquer. Il vaut mieux d'abord déposer les armes. Les couples qui durent savent désamorcer la dispute. Plusieurs réactions sont possibles. Vous pouvez par exemple changer de sujet : « J'ai ramené des croissants pour demain matin » ou lâcher du lest : « Tu as raison c'est de ma faute ». Communiquer, c'est chercher un terrain d'entente plutôt que de chercher à avoir raison.

Reste enfin la manière de se chicaner qui est importante. Même si la moutarde vous monte au nez, face à la personne à laquelle vous tenez, certaines règles sont à respecter. Bien sûr, au plus vif d'une bagarre on ne pense pas réellement ce qu'on dit. Toutefois, mieux vaut éviter les phrases assassines : « Et si on parlait de ta mère ! » ou les mots définitifs « plus jamais » ou « toujours ».

Essayez d'exprimer votre insatisfaction sans toutefois massacrer votre conjoint(e) à coup de critiques et de mépris. Avec votre profil, ce devrait être presque un jeu d'enfants.

VOUS ET L'INTIME

Quand le courant passe, on peut, sans doute, compter sur vous pour une plongée au cœur de l'intimité, ferment du sentiment. Pas question, dans votre cas, de voguer à la surface de la relation et de convoler avec un inconnu, juste pour le plaisir factice de se redécouvrir chaque jour comme au premier jour. Le quotidien peut se révéler le véritable théâtre de la vie, où vous aimez certainement éprouver les contours de votre partenaire. Que ce soit dans la salle de bain pour un éclat de rire, ou victime d'un gros rhume, au-dessus d'une pile de mouchoirs : une des manières les plus fiables, selon vos critères, de savoir si vous êtes vraiment faits l'un pour l'autre. Au départ d'une idylle, peut-être aimez-vous prendre ce temps nécessaire pour faire connaissance, au ralenti, sans forcer, juste apprécier. Une attitude que vous ne manquerez pas d'adopter, y compris des lunes plus tard, aussi. Pour certains les jours se suivent et s'accompagnent inlassablement d'habitudes et... donc de lassitudes. Pour vous, ils nourrissent la confiance et l'estime. Peut-être est-il rassurant au final de si bien connaître la main qui vous caresse...

Votre rapport à l'intime peut être même très concret, et vos cadeaux le prouvent. Ils sont l'occasion pour vous de montrer l'estime que vous lui portez, et combien vous le (la) connaissez bien. En bref, vous êtes dans l'attention portée à l'autre et accepter de lui dévoiler votre intimité, c'est lui apporter la preuve tangible de votre amour.

Conseils : si votre partenaire, lui (elle), redoute quelque peu, et c'est courant, les moments d'intimité dont il (elle) ne contrôle peut-être pas l'émotivité qu'ils suscitent en lui (elle), dans le cas où il (elle) trouve, inconsciemment, l'alibi du travail pour détourner ses pulsions affectives... vous pouvez faire en sorte d'y remédier. Pour cela, rien de plus facile : il suffit d'apprendre à le (la) gratifier. L'identité masculine et féminine se défait difficilement d'une pointe de narcissisme. Encouragez-le (la), complimentez-le (la), devenez son allié(e). Son ego va être rassuré et son désir d'intimité augmenter.

VOUS AVEZ UN MAXIMUM DE Ⓒ :
VOTRE PROFIL

QUI ÊTES-VOUS ?

Votre profil est de type réservé.

Vous êtes un être mystérieux et aussi très attirant. Plein d'atouts, vous avez l'habitude de surprendre. Mais vous êtes difficile à manier. De nature complexe vous pouvez éprouver le besoin de prendre la poudre d'escampette, à tout moment. Une énigme ambulante en quelque sorte. Mais à la longue, il vous arrive de vous abandonner réellement. Taciturne et solitaire vous pouvez également avoir un côté casanier.

Votre mode relationnel est cérébral. Vous n'êtes pas tout à fait à l'aise dans la relation amoureuse. Sur la pointe des pieds et l'esprit aux aguets, vous avancez quelquefois sur le qui-vive. On parle de manque de confiance pour désigner votre réticence. L'autre n'est peut-être pas d'emblée votre refuge, un cadeau, ou bien encore un soleil. De nature perfectionniste, il vous arrive plus fréquemment que d'autres, de mettre la barre trop haut, pour vous ou votre partenaire. Du coup, parfois l'insatisfaction est au détour du chemin. En réalité, c'est votre peur de ne pas être à la hauteur qui est en jeu. Toutefois votre nature ne vous permet pas facilement de vous remettre en question, du coup vous pouvez avoir aussi tendance à en vouloir aux autres. Quelque peu routinier(ère), vous avez vos habitudes, et la prise de risque, celle du vertige de l'amour, ne vous emballe pas forcément. Bref, en amour vous avez éventuellement une certaine retenue, même si l'idée intellectuelle vous attire. En parler, y penser, oui. S'y frotter... Il faut vous motiver.

VOUS ET LA RENCONTRE

Votre choix amoureux peut reposer en partie sur ce que les psys appellent : la collusion œdipienne, c'est-à-dire une rencontre qui se réfère aux images parentales. Peu importe que ces images soient positives ou négatives. L'autre vous attire en fonction de sa ressemblance (rarement évidente), avec votre mère ou votre père. Posez-vous la question, par exemple, cet homme que vous aimez, si drôle, ou cet autre colérique, à qui vous fait-il penser ? Et votre nouvelle conquête, si douce ou cette autre, plutôt forte tête ? À l'inverse, vous pouvez jeter votre dévolu sur une personne qui présente tous les aspects opposés. Il ne s'agit pas bien sûr des parents réels, mais des parents fantasmés, c'est-à-dire de l'image inconsciente que vous en avez. C'est pourquoi il est difficile de se rendre compte de prime abord que vous avez « choisi » votre mère, ou bien votre père.

Quoi qu'il en soit, d'expérience les psys ont constaté que dans ces relations de nombreux obstacles peuvent venir contrarier les élans. Ils prennent plusieurs aspects : une grande différence d'âge, une distance géographique, un partenaire qui voyage beaucoup.

L'écueil : vous partez battu(e) d'avance. Quand quelqu'un vous plaît, vous pouvez vous sentir un peu mal à l'aise. Il n'est pas rare que vous inventiez de nombreux scénarios catastrophes avant de vous jeter à l'eau. En effet, c'est terrible les idées qui vous passent par la tête dans l'attente du prochain rendez-vous ! Vous vous trouvez affreux(se), inintéressant(e), et l'autre a sûrement mieux à faire qu'à rappeler quelqu'un d'aussi insignifiant que vous. Ce phénomène n'épargne personne. Et plus particulièrement ceux qui souffrent d'un manque de confiance en eux, d'une peur de le(la) décevoir. En l'absence de l'élu(e) le monologue intérieur s'accentue. Il se nourrit la plupart du temps de pensées négatives.

Pour y remédier, il suffit de repérer les propos tristes et de les refuser énergiquement. Comment ? En vous munissant d'une feuille de papier et d'un stylo. Vous y inscrivez dans une colonne toutes les phrases du type : « Je ne lui arrive pas à la cheville », dans une autre colonne, une qualité particulière, quelque chose qui vous rend unique, une passion pour la cuisine italienne qui fait de vous un(e) cuisinier(ère) hors pair, par exemple.

VOUS ET LA SÉDUCTION

Le silence est roi. Il règne en maître absolu dans votre projet de séduction. Un silence entrecoupé de légers rires retenus, de glissements, de gestes de la main simples et éloquents. Vous semblez regarder l'autre continuellement derrière une voilette. Vous êtes au lointain. On vous distingue à peine... et cela vous rend d'autant plus désirable ! On a envie d'aller vers vous pour savoir, pour percer le mystère et lorsque l'on vous atteint vous restez encore insaisissable, inaccessible. Derrière ces attitudes et cette énigme se cachent certaines peurs et peut-être aussi quelques déboires amoureux. Vos rendez-vous manqués, vos retards, vos fuites au petit matin... tout cela peut plaire mais, aussi, finir par lasser l'autre. Il faut apprendre à vous dévoiler, à donner plus, à faire confiance. Saurez-vous le faire ? L'amour et la tranquillité d'être se gagneront à ce prix-là, vous le savez !

Face à vos stratégies de fuite-séduction, votre partenaire devra vous rassurer. Votre nature craintive et réservée peut vous rendre parfois imprévisible. Votre partenaire devra alors jouer la force tranquille, genre maternel (paternel) et vous mettre en confiance, ce qui n'est pas toujours une mince affaire. Vous recherchez avant tout la sécurité, et, certaines phrases clé, comme « Pas de souci, je m'occupe de tout » ont raison de votre réserve.

VOUS ET LE COUPLE

Vous êtes fusionnel(le).

Votre projet amoureux se situe plutôt du côté de l'éloignement. « Loin des yeux, près du cœur » serait votre credo. Vous préférez que tout soit séparé afin qu'il n'y ait pas de confusion. Votre appétit de liberté est tel que vous ne cessez de mettre des distances, des espaces, des protocoles de comportements entre vous et l'autre. Ensemble oui, mais il ne faut pas trop le montrer. Vous ne voulez pas être enfermé(e) dans une relation. Vous voulez vivre les choses mais de loin, dans une distance protectrice et rassurante. En fait vous souhaitez protéger votre image. Vous ne voulez pas que l'on vous découvre dans vos manies, vos défauts, vos faiblesses. Vous voulez offrir le meilleur de vous-même quitte à paraître désengagé(e) ou hautain(e). Attention, car vous risquez aussi de devenir un(e) spectateur(trice) assidu(e) certes, mais lointain(e) de votre histoire amoureuse !

Vous avez peut-être peur de l'engagement : dans une relation, s'engager renvoie à l'image de la mère, qui dans votre cas s'est peut-être montrée étouffante, ou bien directive. Le couple, inconsciemment vous ramène alors à cet état d'enfant, et vous voilà mis au pied du mur, partagé(e) entre le désir de prolonger cette relation, et la peur d'être à nouveau sous la coupe de l'autre. Si votre partenaire insiste, vous pouvez également vous sentir manipulé(e), alors que vous avez avant tout besoin d'être rassuré(e). Partagez avec l'autre vos inquiétudes, et votre besoin d'aller à votre rythme. Certes, ça demande aussi qu'il vous fasse confiance.

VOUS ET LA CRISE

Il ne faut pas se fier aux apparences et derrière votre calme apparent, vous êtes sujet au doute. En clair, il peut vous arriver de vous poser des questions sur vous, l'autre, et de remettre en cause la relation. Bref de tergiverser, j'y vais, j'y vais pas ! Au début vous êtes enthousiaste, à votre façon, puis au fur et à mesure que l'histoire devient sérieuse, et s'inscrit dans le temps, le doute s'installe. Bref, vous cultivez l'indécision, qui peut, elle, devenir le véritable motif de crise. Parallèlement il vous devient difficile de côtoyer votre partenaire et votre capacité à concilier peut cacher un déni de vos besoins. Du coup, il peut vous arriver de devenir odieux(se), avec l'objectif inconscient de pousser l'autre à vous quitter. Chez vous la crise prend alors des allures de « J'avance d'un pas, je recule de deux... » En réalité, vous pouvez avoir la sensation que choisir pour un partenaire vous engage à jamais sans possibilité d'en sortir.

Conseils : et si vous utilisiez le conflit de manière positive, afin que chacun ait le courage de communiquer ce qu'il ressent, au lieu de continuer à renier vos besoins, comme vous le faites souvent. La plupart des gens pensent que les crises sont dangereuses, fatigantes et surtout ne servent à rien. Ils ont tort. Pour certains psys, elles sont nécessaires, et ils leur reconnaissent même des vertus multiples. C'est un système d'épuration. Elles permettent d'évacuer les tensions. Ces bogues relationnels peuvent donc redéfinir périodiquement les règles et les limites de votre relation conjugale. En somme, elles font avancer. Mais toutefois pas sans mal.

Vous et l'intime

Vous avez un tempérament mystérieux, c'est un fait, et vous ne dévoilez pas votre jardin secret à tout va. C'est le moins qu'on puisse dire. Parfois, ça peut être aussi un moyen bien pratique de fuir l'intimité avec laquelle vous n'êtes pas si à l'aise. Sous prétexte que vous aimez votre « chère » tranquillité, il vous arrive, plus que de raison, de rechigner à passer des moments à deux, voire des vacances. Peut-être la raison de ce comportement est-il simple ? Il est tout à fait naturel de vouloir se montrer sous son meilleur jour, les premiers temps du moins. Cependant, dans une relation qui dure, il y a certainement un moment propice, où vous vous sentez en confiance par exemple, pour laisser tomber le masque et mettre à jour vos petits travers.

En réalité, le domaine de l'amour est davantage de l'ordre du lâcher prise, que du contrôle. À la longue votre souci de perfection peut vous desservir. Montrez-vous tel que vous êtes, avec vos imperfections. Au risque des poncifs, rappelez-vous néanmoins qu'aimer c'est donner, et s'accepter comme on est. Pour commencer à développer votre capacité à l'intimité, vous pouvez, par exemple, vous entraîner à dire la vérité sur des petits trucs, ce qui chez vous n'est pas facile. En fait, pour échapper à la relation : vous pouvez biaiser facilement sur des petites choses : « Je te rappelle plus tard, je dois partir... « ou « Les piles de mon cellulaire étaient à plat ». Investissez-vous davantage, et passez du temps ensemble... Pour apprendre à devenir plus intime.

Le quotient sexuel

Les couples actuels reposent plus que jamais sur une bonne entente sexuelle. Or en matière de sexe, l'épanouissement réclame aussi une forme d'intelligence. Le quotient sexuel, une donnée récente apparue aux États-Unis, permet de déterminer votre profil. Au-delà de l'instinct et d'une aptitude au plaisir, le moi sexuel prend en compte nos fantasmes, une certaine qualité de communication, nos tentations d'infidélité et notre imagination érotique. Selon votre type, vous pouvez avoir le câlin joyeux ou l'étreinte ardente, voire les deux pour les plus chanceux. Quoi qu'il en soit, se connaître est déjà un pas vers l'autre. Découvrez votre profil psycho-sexuel et la carte du tendre que nous avons esquissée pour baliser la route.

TEST I
DÉCRYPTEZ VOS FANTASMES

Productions imaginaires se présentant sous forme de films X, les fantasmes peuvent vous déranger. Pourtant fantasmer est naturel. Cela pimente vos relations amoureuses et nourrit le désir. Découvrez ce que révèlent vos fantasmes, véritable miroir de votre personnalité.

1 Quand vous avez un coup de blues :
A. Vous allez au cinéma.
B. Vous filez dans un bistrot sympa.
C. Vous consultez votre généraliste.
Votre réponse :   ☐ A   ☐ B   ☐ C

2 Un de vos amis organise une soirée costumée vous arrivez déguisé(e) en :
Pour elle   Pour lui
A. Infirmière.   A. Médecin.
B. Gogo girl.   B. Gogo boy.
C. Madonna.   C. Bruce Willis.
Votre réponse :   ☐ A   ☐ B   ☐ C

3 Quel serait le lieu qui vous donnerait follement envie de faire l'amour ?
A. Le compartiment du contrôleur.
B. Une dune en bordure de plage.
C. Une chambre d'hôtel à Hollywood.
Votre réponse :   ☐ A   ☐ B   ☐ C

4 Le sex appeal, pour vous c'est une question de :
A. Audace.
B. Notoriété.
C. Costume.
Votre réponse :   ☐ A   ☐ B   ☐ C

5 Lorsque quelqu'un vous plaît :
A. Vous le séduisez.
B. Vous l'invitez à une soirée.
C. Vous en rêvez.
Votre réponse :   ☐ A   ☐ B   ☐ C

6 Les petits noms font partie du vocabulaire amoureux. Quel est celui que vous lui donnez ?
A. Ma petite idole païenne.

B. Mon cookie.

C. Mon trésor.

Votre réponse :   ☐ A   ☐ B   ☐ C

7 Quand une pensée érotique vous traverse la tête, que faites-vous ?

A. Vous rougissez.

B. Vous la réprimez.

C. Vous en parlez autour de vous.

Votre réponse :   ☐ A   ☐ B   ☐ C

8 Vous l'emmenez dans une fête foraine, vous prenez deux billets pour :

A. Le palais des glaces.

B. Le train fantôme.

C. Le stand de tir.

Votre réponse :   ☐ A   ☐ B   ☐ C

9 À l'intérieur de votre voiture on trouve :

Pour elle

A. Des cuissardes en cuir.

B. La bio de Madonna.

C. Des boules de geisha.

Pour lui

A. Une paire de menottes.

B. La bio de Bradd Pitt.

C. Un string en latex.

Votre réponse :   ☐ A   ☐ B   ☐ C

10 Pour qui accepteriez-vous de poser nu(e) ?

A. La une d'un magazine.

B. Votre médecin de famille.

C. Votre prince(cesse) charmant(e).

Votre réponse :   ☐ A   ☐ B   ☐ C

11 C'est votre anniversaire ! Pour une fête des sens, il (elle) vous fait une surprise :

A. Il (elle) s'habille en médecin.

B. Il (elle) invite sa (son) meilleur(e) ami(e) pour la nuit.

C. Il (elle) vous offre une place pour les Chippendales (Sexy girls).

Votre réponse :   ☐ A   ☐ B   ☐ C

12 Ce que vous rêvez d'essayer, sans vraiment vous l'avouer :

A. Une soirée fétichiste.

B. Une soirée échangiste.

C. Une soirée vidéo X.

Votre réponse :   ☐ A   ☐ B   ☐ C

Cotation

Entourez dans le tableau, les symboles correspondant au choix de vos réponses. Puis, pour connaître votre profil, comptez le nombre de symboles 🏆, ♥ ou 👄 que vous avez obtenus.

Réponse \ Question	1	2	3	4	5	6	7	8	9	10	11	12
A	🏆	♥	♥	👄	♥	👄	🏆	👄	♥	👄	♥	♥
B	👄	👄	👄	🏆	👄	♥	♥	🏆	🏆	♥	👄	👄
C	♥	🏆	🏆	♥	🏆	🏆	👄	♥	👄	🏆	🏆	🏆

LES TROIS PROFILS

Vous avez une majorité de 🏆
Profil 🏆 : Vous fantasmez sur un idéal.

L'objet de vos fantasmes s'apparente à une star du cinéma ou de la chanson. Nombre de femmes et d'hommes s'imaginent dans leurs bras (Madonna, Bruce Willis...) pendant les ébats amoureux. Ce procédé permet d'exacerber et d'intensifier le désir en quelque sorte pour mieux s'offrir à l'époux(se).

Votre personnalité : de nature rêveuse, ce subterfuge vous permet aussi de vous évader de la réalité. La star symbolise l'amour idéalisé. En quête d'absolu, vous devenez princesse ou prince le temps d'une étreinte fantasmée. *A priori*, vous minimisez peut-être votre pouvoir de séduction, laissez-le plutôt éclater au grand jour.

Vous avez une majorité de ♥
Profil ♥ : Vous fantasmez sur le médecin.

Alors que vous venez le consulter pour un mal de gorge, vous laissez avec délice le médecin, une personne respectable, vous ausculter. C'est vrai qu'il (elle) est le (la) seul(e) devant qui vous obtempérez, quand il vous demande de quitter vos vêtements. Symbole d'autorité comme le gendarme, le médecin est un des personnages sociaux qui suscitent le plus de fantasmes. C'est aussi un substitut paternel.

Votre personnalité : en vous fantasmant sans défense, vous manifestez un profond désir de vous abandonner, comme si les responsabilités vous pesaient. Avec ce scénario, vous réclamez quelqu'un qui prend les initiatives, vous domine même parfois. Sensible et raffiné(e), vous ne demandez pas mieux de voir, de temps à autre, votre quotidien un peu chahuté. Fasciné(e) par l'uniforme et les accessoires, vous pourriez aussi être fétichiste.

Vous avez une majorité de 👄
Profil 👄 : Vous fantasmez sur les lieux publics.

Une envie soudaine vous prend de filer en douce, à l'abri d'une dune, derrière une plage bondée, avec votre partenaire, pour une étreinte silencieuse, banquette de taxi, porte cochère... Dans un lieu public, le regard de l'autre peut se poser sur vous de façon inopinée. Ce fantasme libère chez vous une excitation notable.

Votre personnalité : les lieux publics expriment une personnalité extravertie, imprévisible et secrète. Aimant être surpris(e), vous avez le goût du risque, des joies furtives. Toutefois, ce penchant pour des ébats à l'extérieur cache aussi une crainte de l'intimité.

TEST II
SAVEZ-VOUS PARLER SEXE ?

Pour réveiller le désir, il suffit parfois de faire rougir l'oreiller ou bien d'emballer le cœur de l'autre avec des paroles. Tendres ou franchement crues ! Découvrez quel est votre langage érotique, un facteur déterminant pour établir son quotient sexuel.

1 Sous la couette, il vous arrive de deviser :
A. Du dernier roman que vous lisez.
B. De rien la plupart du temps.
C. De votre désir.
Votre réponse : ☐ A   ☐ B   ☐ C

2 Fatigue, stress ou dispute... bref c'est la panne de son côté. Que faites-vous ?
A. Vous le (la) rassurez.
B. Vous lui lisez la vie sexuelle de Catherine M.
C. Vous lui tournez le dos.
Votre réponse : ☐ A   ☐ B   ☐ C

3 Vos ébats érotiques, comment les racontez-vous ?
A. Crûment.
B. Poétiquement.
C. Rarement.
Votre réponse : ☐ A   ☐ B   ☐ C

4 Le sexe, vous en bavardez facilement avec :
A. Votre partenaire.
B. Votre meilleure amie.
C. Votre psy.
Votre réponse : ☐ A   ☐ B   ☐ C

5 Si vous êtes honnête, l'amour vous le faites avec :
A. Les fesses.
B. Le cœur.
C. La tête.
Votre réponse : ☐ A   ☐ B   ☐ C

6 Pour évoquer le préservatif, vous dites :
A. Doigt de Vénus.
B. Capote.
C. Connais pas.
Votre réponse : ☐ A   ☐ B   ☐ C

7 Après l'orgasme, vous lui susurrez à l'oreille :
A. Demain, on essaye la sodomie.
B. Rien, vous sombrez dans le sommeil.
C. Elles sont où les photos de toi enfant ?
Votre réponse : ☐ A   ☐ B   ☐ C

8 Entendre les jeux érotiques de vos voisins, c'est :
A. Gênant.
B. Stimulant.
C. Rare, vous criez bien plus fort.
Votre réponse : ☐ A   ☐ B   ☐ C

9 D'abord, dans vos premiers coïts, il y a eu les bruits... Lesquels ?
A. Vos gémissements.
B. Vos gloussements.
C. Vos feulements.
Votre réponse : ☐ A   ☐ B   ☐ C

10 Quel est le moment le plus propice pour parler de votre penchant pour la position 69 ?
A. Au téléphone.
B. Pendant les préliminaires.
C. Pendant l'amour.
Votre réponse : ☐ A   ☐ B   ☐ C

11 Vous mourez d'envie de crier... C'est décidé, cette fois vous vous lâchez pendant :

A. Ses caresses buccales.

B. L'orgasme.

C. L'orgasme de votre partenaire.

Votre réponse : ☐ A   ☐ B   ☐ C

Cotation

Entourez dans le tableau, les symboles correspondant au choix de vos réponses. Puis, pour connaître votre profil, comptez le nombre de symboles 🏆, ♥ ou 👄 que vous avez obtenus.

Réponse \ Question	1	2	3	4	5	6	7	8	9	10	11
A	🏆	🏆	♥	♥	♥	🏆	♥	👄	🏆	👄	♥
B	👄	♥	🏆	🏆	🏆	♥	👄	🏆	👄	🏆	🏆
C	♥	👄	👄	👄	👄	👄	🏆	♥	♥	♥	👄

LES TROIS PROFILS

Vous avez une majorité de 🏆
Profil 🏆 : Vous parlez sentiments.

Votre sexualité est liée aux sentiments, et en règle générale ce sont des mots d'amour qui vont éveiller votre désir. Alors pas d'hésitation, dites-lui que vous l'aimez, son âme, son corps, son sexe... Que votre désir soit sans foi ni loi, brigand ou bien voyou. Trouvez des propos tendres ou bien rudes, mais en tout cas qu'ils soient de véritables déclarations. Faites-lui une cour érotique et déshabillez-le (la) avec les mots. Testez, innovez... La vie sexuelle amoureuse ne va pas de soi, le tressaillement des ventres a horreur de la routine.

Vous avez une majorité de ♥
Profil ♥ : Vous parlez cru.

Vous aimez la trivialité et vos ébats méritent un vocabulaire cru. Le désir réveille sans conteste vos ardeurs verbales, et vous ne manquez pas d'audace. Pour incendier la couette, vous osez parfois annoncer à l'autre ce que vous comptez lui faire. Reste à savoir pour vous, où trouver l'inspiration afin de fourbir vos armes. Pour commencer, par exemple, vous pourriez vous plonger dans des textes érotiques. Ceux de Casanova, maître en la matière, ou le *Bréviaire arabe de l'amour* regorgent de trouvailles. Néanmoins les spécialistes sont unanimes : pour délier votre langue, laissez-vous porter par l'objet de votre désir et votre imagination.

Vous avez une majorité de ☙
Profil ☙ : Vous êtes quasi muet(te).

Vous semblez accorder un rôle secondaire à la sexualité et son vocabulaire. Attention tout de même, un désir qui s'émousse peut devenir le dernier chantier auquel doit s'atteler votre couple. Si vos ébats sont un peu expéditifs, et sans surprise, il est grand temps de vous aventurer sur les chemins d'un érotisme plus imaginatif. Quelques mots suffisent parfois pour bousculer une certaine monotonie. Murmurés au creux de l'oreille, ou bien criés au moment de l'orgasme, ces aliments du désir peuvent être aussi puissants que le plus fougueux des baisers. La mise en mots du désir, que ce soit de manière crue ou romantique, est aussi une bonne façon de savoir où vous en êtes de votre intimité de couple.

TEST III
QUEL EST VOTRE POTENTIEL D'INFIDÉLITÉ ?

Aie ! j'ai envie de le (la) tromper ! En réalité, nous n'avons pas tous la même inclinaison à commettre ces incartades. Certains peuvent y penser, d'autres pas ! D'autres encore s'y adonnent avec délectation, ou culpabilité. Découvrez votre quotient infidélité.

1 Vous est-il déjà arrivé de vous tromper de prénom au moment crucial ?
A. Jamais.
B. Plusieurs fois.
C. Ca pourrait m'arriver.
Votre réponse :   ☐ A   ☐ B   ☐ C

2 Vous vous faites draguer ouvertement lors d'une soirée chez une amie :
A. Vous trouvez ça agréable.
B. Vous en avez rêvé toute la nuit.
C. Vous coupez court rapidement.
Votre réponse :   ☐ A   ☐ B   ☐ C

3 Déjà tout(e) petit(e) votre père vous disait :
A. Vive la polygamie !
B. Cherche l'âme sœur.
C. Vive la monogamie, mais à répétition.
Votre réponse : ☐ A   ☐ B   ☐ C

4 Pour stimuler le désir de votre partenaire, vous seriez prêt(e) à essayer :
A. Un film X.
B. Un club échangiste.
C. L'amour tantrique.
Votre réponse : ☐ A   ☐ B   ☐ C

5 Avant de le (la) connaître vous avez eu combien d'amants(es) ?
A. Aucun(e).
B. Une dizaine.
C. Vous ne savez plus.
Votre réponse : ☐ A   ☐ B   ☐ C

6 Votre nouveau(elle) voisin(e) vient d'emménager, type beauté fatale :
A. Vous en parlez au bureau.
B. Vous l'évitez.
C. Vous le (la) rencontrez le plus vite possible.
Votre réponse : ☐ A   ☐ B   ☐ C

7 Vous portez le même parfum depuis combien de temps ?
A. Vous en avez plusieurs.
B. Vous en changez assez souvent.
C. Votre coup de cœur date d'il y a 5 ans.
Votre réponse : ☐ A   ☐ B   ☐ C

8 Si vous deviez passer à l'acte, c'est-à-dire le (la) tromper, ce serait :
A. Pour tester votre pouvoir de séduction.
B. Pour briser la routine.
C. Par élan amoureux.
Votre réponse : ☐ A   ☐ B   ☐ C

9 Votre meilleure amie, mariée, vous demande votre appartement pour une après-midi coquine avec son amant :
A. Vous refusez tout net d'être complice.
B. Vous lui cédez de bon cœur.
C. Vous lui donnez les clés et une leçon de morale.
Votre réponse : ☐ A   ☐ B   ☐ C

10 Votre vie sexuelle est plutôt :
A. Libertine.
B. Fantasmatique.
C. Stable.
Votre réponse : ☐ A ☐ B ☐ C

11 En ce moment vous auriez bien besoin :
A. D'une nouvelle lune de miel.
B. De redorer votre ego.
C. De vous recentrer.
Votre réponse : ☐ A ☐ B ☐ C

12 Il vous arrive de réunir vos amis d'enfance :
A. Souvent, ils déboulent à l'improviste.
B. Vous n'en avez qu'un.
C. Vous n'en avez plus.
Votre réponse : ☐ A ☐ B ☐ C

Cotation

Entourez dans le tableau, les symboles correspondant au choix de vos réponses. Puis, pour connaître votre profil, comptez le nombre de symboles 🏆, ♥ ou 👄 que vous avez obtenus.

Réponse \ Question	1	2	3	4	5	6	7	8	9	10	11	12
A	🏆	♥	👄	♥	🏆	♥	👄	👄	🏆	👄	🏆	♥
B	👄	👄	🏆	👄	♥	🏆	♥	♥	👄	♥	♥	🏆
C	♥	🏆	♥	🏆	👄	👄	🏆	🏆	♥	🏆	👄	👄

LES TROIS PROFILS

Vous avez une majorité de 🏆
Profil 🏆 : Vous êtes fidèle tendance stable.

La fidélité exige discipline et maîtrise des pulsions passionnelles, disent les psys. Vous savez accorder plus de valeur aux bienfaits de la stabilité dans votre relation qu'à l'enrichissement du moi à tout prix. Votre partenaire, vous l'avez choisi(e) et vous avez pour habitude de tenir vos engagements. De toute façon, dans l'adultère, vous pensez ne trouver qu'un(e) partenaire sexuel(le) d'occasion qui ne mérite pas de mettre en péril tout ce que vous avez décidé de construire. Vous basez l'union sur une forte complicité avec des idées et des goûts communs, et non des tentatives de fuites perpétuelles.

Vous avez une majorité de ♥
Profil ♥ : Vous êtes fidèle tendance volage.

Il vous arrive de fantasmer sur des aventures, sans avoir forcément besoin de passer à l'acte. La plupart du temps, la personne avec laquelle vous êtes ne vous suffit pas, affirment les sexologues. Vous savez que l'autre ne peut répondre à 100% de vos attentes. Toutefois, il est possible que vous ayez le désir de chercher ailleurs un miroir qui vous renvoie une image positive. Alors bien sûr, désirer ou vous sentir désiré(e) est agréable. Mais de là à tromper votre amour... S'il vous est arrivé de craquer, c'est occasionnel et vous ne souhaitez pas remettre en cause votre relation amoureuse.

Vous avez une majorité de 👄
Profil 👄 : Vous êtes enclin(e) à l'infidélité.

Votre désir de libertinage est bien réel. Avec vous, amour rime avec liberté, et vous êtes ouvert(e) à moult expériences pourvu qu'elles soient avec un tiers. Toutefois, assurez-vous quand même que ce n'est pas le manque d'estime de vous qui vous pousse dans d'autres bras. Si votre couple n'est pas fondé sur un contrat de libertinage dûment accepté de part et d'autre, il est peut-être temps de vous poser certaines questions. L'infidélité peut aussi être un signe d'immaturité : de vouloir séduire, de posséder ce qu'on n'a pas. Dans ce cas en parler est parfois utile et vos besoins d'être consolé(e) ou de séduire aux quatre vents n'auront plus de raisons d'être.

TEST IV
DÉCOUVREZ VOS INFLUENCES ÉROTIQUES

En matière de séduction et d'érotisme, nous avons tous nos petits trucs. Nous reproduisons sans y penser un rituel de parade amoureuse inspiré d'autres coins du monde : Inde, Maroc, Japon. Repérez quel est votre territoire fantasmatique pour plaire et faire durer le plaisir.

1 Avant de plonger dans votre bain avec lui (elle) pour mille délices, vous jetez quelques gouttes essentielles de :
A. Santal.

B. Géranium.

C. Cèdre.

Votre réponse : ☐ A   ☐ B   ☐ C

2 Ce soir, il (elle) ne semble pas réceptif(ve) à votre désir :

A. Vous lui faites un strip-tease.

B. Vous lui faites un massage.

C. Vous vous engueulez.

Votre réponse : ☐ A   ☐ B   ☐ C

3 Pour conduire votre partenaire au paroxysme du plaisir, quelle est votre position fétiche ?

A. En position assise, elle sur lui, les cuisses ouvertes.

B. Debout, les pieds noués autour des fesses de l'homme.

C. La femme chevauche son partenaire.

Votre réponse : ☐ A   ☐ B   ☐ C

4 Dès que vous l'avez rencontré(e) vous avez imaginé lui donner rendez-vous dans :

A. Une piscine sous la lune.

B. Les gradins d'une corrida.

C. Les cuisines d'un grand restaurant.

Votre réponse : ☐ A   ☐ B   ☐ C

5 Pour vous l'acte d'amour c'est :

A. Un chant de l'âme et du corps.

B. Une maîtrise de l'éjaculation.

C. Un champ de bataille.

Votre réponse : ☐ A   ☐ B   ☐ C

6 Pour séduire, votre règle du jeu :

A. La provocation.

B. Le rire.

C. L'exigence.

Votre réponse : ☐ A   ☐ B   ☐ C

7 Pour le (la) faire trembler jusqu'au lustre, vous n'hésitez pas à appeler le sexe de votre homme (femme) :

Pour elle

A. Le pilier du dragon céleste.

B. Éveille ton lingam.

C. Ton indomptable fulgurant.

Pour lui

A. Ta fleur de pivoine éclose.

B. Éveille ta shakti.

C. Ton jardin odorant.

Votre réponse : ☐ A   ☐ B   ☐ C

8 Vous vous sentez d'humeur libertine et prêt(e) à vous soumettre à des jeux érotiques. Quel accessoire vous paraît le plus tentant?
A. Une cassette X.
B. Des draps de soie.
C. Un bain au lait.
Votre réponse : ☐ A ☐ B ☐ C

9 Pour un dîner en amoureux, laquelle de ces boissons choisiriez-vous pour l'apéritif?
A. Un thé à la rose.
B. Un dry martini.
C. Un cocktail au ginseng.
Votre réponse : ☐ A ☐ B ☐ C

10 Vous pourriez être les héros d'une histoire intitulée :
A. *Drame de la jalousie.*
B. *Kamasutra.*
C. *L'Empire des sens.*
Votre réponse : ☐ A ☐ B ☐ C

11 Chacun de nous a ses petits « riens érotiques », quel est le vôtre?
A. Un préservatif strié.
B. Un parfum musqué.
C. Un baiser à bouche que veux-tu.
Votre réponse : ☐ A ☐ B ☐ C

Cotation

Entourez dans le tableau, les symboles correspondant au choix de vos réponses. Puis, pour connaître votre profil, comptez le nombre de symboles 🏆, ♥ ou 👄 que vous avez obtenus.

Réponse \ Question	1	2	3	4	5	6	7	8	9	10	11
A	♥	🏆	♥	🏆	♥	👄	🏆	🏆	♥	👄	🏆
B	👄	♥	👄	👄	🏆	♥	♥	♥	👄	♥	👄
C	🏆	👄	🏆	♥	👄	🏆	👄	👄	🏆	🏆	♥

LES TROIS PROFILS

Vous avez une majorité de ♈
Profil ♈ : Vous avez un tempérament de type asiatique.

Le raffinement est une de vos qualités en matière érotique, tout comme un certain penchant pour le sadisme qui n'est pas plus que le sexe, un péché.

Esthète dans l'âme, amateur(trice) d'art et de beauté vous aimez réjouir vos yeux tout comme vos oreilles (exposition, concert). Pour vous « ces caresses de l'esprit sont autant de préludes à d'autres plaisirs. Attention toutefois à la tentation de la perfection, vous êtes très exigeant(e). Vous cultivez les contrastes. Sexe, exhibition vont de pair, tout comme au Japon où les mangas reflètent bien cette tendance. Sans pour autant verser dans la vulgarité, la sexualité de rue ne vous choque pas. Nouvelles boîtes à strip-tease, affiches provocantes et pubs érotiques vous ravissent au contraire.

Enfin tout ce qui touche au bain et à l'eau décuple votre désir. Ce qui crée votre excitation fait référence à des expériences enfantines. Sources thermales, vapeur et transparence des cloisons exaltent vos fantasmes.

Vous avez une majorité de ♥
Profil ♥ : Vous avez un tempérament de type indien.

Vous êtes doué(e) pour l'érotisme. Le plaisir, la sensualité, l'amour sont vécus comme indispensable à une vie équilibrée.

Sensualiste de nature, vous déclinez la parade amoureuse avec plaisir, complicité et inventivité. De nature vagabonde, libre, curieuse, vous adorez innover. En amour, votre aptitude à fantasmer est sans égal. Vous la nourrissez par un intérêt pour le cinéma (les grandes épopées) et la poésie. Méfiez-vous néanmoins de votre tendance à faire des romans, dans une vision plus fantasmatique que réelle.

Mystique dans l'âme, vous considérez que l'équilibre du couple, au-delà de l'accomplissement charnel, réside dans l'harmonie. Le corps est un temple et vous savez l'exalter grâce à des huiles et autres volutes odorantes, en prenant le temps.

Vous avez une majorité de 👄
Profil 👄 : Vous avez un tempérament de type marocain.

En amour vous rêvez de conquête et vous révélez un(e) séducteur(trice) né(e).

Guerrier(e) de l'amour, vous fourbissez le désir comme d'autres les armes. D'un tempérament combatif, vous êtes particulièrement armé(e) pour la compétition amoureuse ou sociale. Vous marchez à l'énergie, à la volonté. De toute façon les difficultés vous stimulent. La meilleure stratégie pour vous séduire : mettre le feu, vous planter là en vous laissant croire que c'est vous qui détenez les clés.

La scène conjugale de vos amours est souvent un champ de bataille. Vous avez de la personnalité et du caractère, et vous ne mâchez pas vos mots. Par ailleurs en amour vous n'avez aucun interdit, et l'autre est un mystère que vous n'avez de cesse d'éclaircir.

TEST V
ÊTES-VOUS SENSUEL(LE)
OU SEXUEL(LE) ?

Votre nature, qu'elle soit passionnelle, romantique ou plus réservée, va influer fortement sur votre sexualité. Peut-être êtes-vous adepte du grand frisson, ou bien sensible à de suaves mots d'amour... Contemplez vos aspirations profondes en matière de comportement érotique... et agissez !

1 Décrivez la résidence secondaire de vos rêves :
A. Une maison en Louisiane, pas loin du Mississipi.
B. Une maison fonctionnelle avec les derniers appareils ménagers.
C. Une maison en bois.
Votre réponse : ☐ A   ☐ B   ☐ C

2 À l'occasion d'un dîner entre amis, l'un deux lance : « La vie, c'est quoi pour vous ? » Vous répondez :
A. Elle est trop riche pour en perdre une miette.
B. Une course contre la montre.
C. Une belle histoire.
Votre réponse : ☐ A   ☐ B   ☐ C

3 C'est décidé, vous achetez un aphrodisiaque pour passer une nuit de rêve :
A. Vous essayez le Viagra.
B. Vous lui offrez une cure de ginseng.
C. Vous concoctez un repas africain.
Votre réponse : ☐ A   ☐ B   ☐ C

4 Que lui dites-vous au lit ?
A. Ton cèpe dans ma rose, j'adore.
B. Oh ! C'est bon...
C. Ma parole vous êtes plusieurs.
Votre réponse : ☐ A   ☐ B   ☐ C

5 Le soir avant de vous coucher :
A. Vous faites la vaisselle en string rouge.
B. Vous prenez une douche.
C. Vous allumez 15 bougies au musc.
Votre réponse : ☐ A   ☐ B   ☐ C

6 À quoi ressemblent vos scènes de ménage ?
A. Vous cassez les assiettes.
B. Le verbe meurtrier, les yeux revolver, vous fulminez.
C. Une scène, quelle horreur !
Votre réponse : ☐ A   ☐ B   ☐ C

7 Pour le (la) faire enrager, vous pourriez lui avouer que...
A. Ado, vous avez eu des rapports sexuels avec une femme (un homme).
B. Vous avez déjà couché avec deux hommes (femmes).
C. Vous aimez être attaché(e) au radiateur.
Votre réponse : ☐ A   ☐ B   ☐ C

8 Entre votre corps et vous, c'est une histoire :
A. D'esprit, la beauté est intérieure.
B. De fidélité, c'est un ami de longue date.
C. D'amour, mon corps je l'adore.
Votre réponse : ☐ A   ☐ B   ☐ C

9 Vos amis disent de vous :
A. On peut compter sur lui (elle).
B. Imprévisible mais tellement attachant(e).
C. Un(e) vrai(e) poète(esse).
Votre réponse : ☐ A   ☐ B   ☐ C

10 Laquelle de ces trois femmes est votre emblème de beauté ?
A. Elle Mac Pherson.
B. Monica Belluci.
C. Carla Bruni.
Votre réponse : ☐ A   ☐ B   ☐ C

11 Comme preuve d'amour à l'élu(e) de votre cœur :
A. Vous prenez une année sabbatique ensemble.
B. Vous louez un salon privé dans un restaurant prestigieux.
C. Vous lui offrez un week-end de management aux Bahamas.
Votre réponse : ☐ A   ☐ B   ☐ C

12 Si vous étiez un animal, vous seriez :

A. Une panthère.

B. Une aigrette.

C. Un dauphin.

Votre réponse : ☐ A ☐ B ☐ C

Cotation

Entourez dans le tableau, les symboles correspondant au choix de vos réponses. Puis, pour connaître votre profil, comptez le nombre de symboles 🏆, ♥ ou 👄 que vous avez obtenus.

Question / Réponse	1	2	3	4	5	6	7	8	9	10	11	12
A	🏆	🏆	👄	♥	🏆	👄	♥	♥	👄	👄	🏆	🏆
B	👄	👄	♥	👄	👄	🏆	🏆	👄	🏆	🏆	♥	♥
C	♥	♥	🏆	🏆	♥	♥	👄	🏆	♥	♥	👄	👄

LES TROIS PROFILS

Vous avez une majorité de 🏆

Profil 🏆 : Votre eros est passionnel.

Vous rêvez de conquête et vous vous révélez un(e) amant(e) et un(e) séducteur(trice)-né(e). En quête de nuit laquée de plaisir, vous déployez vos charmes. Un brin tapageur(se), vous distillez avec insolence une extrême sensualité. Troublant(e), vibrant(e), vous aimez rejouer les mille et une nuits sans tabou et rallumez sa flamme. La révolution sexuelle est bien passée par vous et vous avez le goût des expériences insolites. Les fantasmes sont faits pour être réalisés et vous n'en manquez pas. Au menu : émoi des sens et intrigues avec la chair. Il est difficile de vous résister, mieux vaut succomber à la tentation. Réservé aux amateurs d'émotions fortes.

Vous avez une majorité de ♥

Profil ♥ : Votre eros est romantique.

Vous affichez un désir de romance, et votre libido se nourrit essentiellement de sentiments. Mots doux et tendres bécots se révèlent les meilleurs aphrodisiaques. Plus qu'une quête de la performance, vous recherchez de la tendresse et de la douceur, et tout ce qui ressemble de près ou de loin à une soirée romantique. Bref, pour l'extase, il faut que votre cœur palpite. Pas réservé(e) pour autant, votre moi sexuel secret a besoin de dialogue et dans cet art vous êtes également passé(e) maître, tout en nuance évidemment. Parler et faire parler l'autre. L'intimité est votre maître mot. Massages, dialogues et petits dîners érotiques font partie de votre panoplie du plaisir.

Vous avez une majorité de ☞
Profil ☞ : Votre eros est réservé.

Vous n'envisagez pas le sexe comme un plaisir, mais davantage comme un devoir. En clair vous le faites surtout pour lui (elle), c'est-à-dire quand il (elle) en a envie et avec pudeur. De préférence dans l'obscurité. En réalité vous êtes réservé(e), sans compter que vous détestez la vulgarité. La sexualité est pour vous quelque peu déroutante et intimidante : elle apporte souvent plus de craintes que de plaisirs... Par ailleurs peut-être avez-vous du mal à vous laisser aller. Cette tendance à contrôler la situation vous rassure dans le travail mais bride vos sensations. Votre libido a du mal à trouver son langage.

TEST VI
QUEL EST VOTRE APPÉTIT SEXUEL ?

En matière de désir, nous ne sommes pas tous logés à la même enseigne. Il y en a pour qui c'est primordial et d'autres qui peuvent s'en passer. Quelle place les ébats sexuels tiennent-ils dans votre vie ? Libido zéro ou bien flamboyante, déterminez la vôtre.

1 Un magazine titre « La sexualité au Québec », grande enquête » :
A. Vous l'achetez illico.
B. Vous pensez « Encore ! ».
C. Vous le lisez chez le coiffeur.
Votre réponse :   ☐ A   ☐ B   ☐ C

2 C'est risqué, mais vous avez déjà fait l'amour à l'arrière d'un taxi :
A. C'était un souvenir dingue.
B. Seulement dans vos fantasmes.
C. Ça ne vous est jamais venu à l'esprit.
Votre réponse :   ☐ A   ☐ B   ☐ C

3 Après vos ébats sexuels :
A. Vous vous endormez.

B. Vous êtes très tendre.

C. Vous n'avez qu'une envie, recommencer.

Votre réponse : ☐ A   ☐ B   ☐ C

4 On nous le dit suffisamment, l'amour trouve son point culminant dans l'orgasme. Et les vôtres, à propos, vous en avez?

A. Vous n'êtes pas sûr(e) de savoir ce que c'est.

B. Simultanément tous les deux.

C. Une fois sur deux.

Votre réponse : ☐ A   ☐ B   ☐ C

5 Nous avons tous une position préférée. Toutefois, varier les postures est vivement conseillé. Vous pouvez en compter combien de différentes?

A. 3 régulières.

B. Plus d'une dizaine.

C. Une seule, votre position préférée à tous les deux.

Votre réponse : ☐ A   ☐ B   ☐ C

6 Au cours du dernier mois vous avez fait l'amour?

A. Une fois par mois.

B. Une fois par semaine.

C. 3 fois par semaine.

Votre réponse : ☐ A   ☐ B   ☐ C

7 Votre première fois, c'était :

A. Un plaisir.

B. Une surprise.

C. Une déception.

Votre réponse : ☐ A   ☐ B   ☐ C

8 Il vous arrive de regarder un film X :

A. Quand vous êtes seul(e).

B. Sûrement pas.

C. Avec lui (elle) quelquefois.

Votre réponse : ☐ A   ☐ B   ☐ C

9 Pour faire monter la tension sexuelle de votre partenaire, il vous suffit :

A. De faire abstinence pendant un mois.

B. De lui glisser un fantasme à l'oreille dans un dîner ennuyant.

C. De déclarer votre flamme.

Votre réponse : ☐ A   ☐ B   ☐ C

10 Vous avez déjà eu une expérience de sexe en groupe :

A. À trois, pour lui faire plaisir.

B. À plusieurs dans un club échangiste.

C. À deux c'est bien suffisant.

Votre réponse :   ☐ A   ☐ B   ☐ C

11 Quel serait l'aphrodisiaque qui contribuerait le plus à votre épanouissement sexuel ?

A. Une complicité.

B. Une attraction fatale.

C. Du temps.

Votre réponse :   ☐ A   ☐ B   ☐ C

Cotation

Entourez dans le tableau, les symboles correspondant au choix de vos réponses. Puis, pour connaître votre profil, comptez le nombre de symboles ♛, ♥ ou 👄 que vous avez obtenus.

Réponse \ Question	1	2	3	4	5	6	7	8	9	10	11
A	♛	♛	👄	👄	♥	👄	♛	♛	👄	♥	♥
B	👄	👄	♥	♛	♛	♥	♥	👄	♛	♛	♛
C	♥	♥	♛	♥	👄	♛	👄	♥	♥	👄	👄

LES TROIS PROFILS

Vous avez une majorité de ♛
Profil ♛ : Libido en forme.

Le plaisir avant tout. Vous recherchez les sensations physiques, et on dirait bien que le sexe est capital dans votre vie. En clair, vous n'envisageriez pas un(e) partenaire qui se contenterait d'une routine, voir pas d'ébats du tout ! Il se peut même que vous ne compreniez pas comment ça peut arriver aux autres. Le sexe n'est pas tabou, vous en parlez, et vous le faites. De nature charnel(le) voire animal(e), vous êtes bon(ne) vivant(e) et vous avez déjà mordu l'oreiller, voire l'oreille de l'autre. En cette matière, l'ignorance ne fait pas le bonheur, et vous n'hésitez pas à vous documenter, livres techniques, films érotiques, voire X... À la fois sexy, curieux(se) et gourmand(e), vous pourriez être l'amant(e) idéal(e). Attention, toutefois, vous pouvez confondre désir et amour et vous laisser mener par le bout du nez de vos pulsions.

Vous avez une majorité de ♥
Profil ♥ : Libido et sentiments.

Vous connaissez la fonction symbolique de la sexualité, où le cœur est étroitement chevillé au corps. En clair, la sexualité cimente le couple. Du sexe oui, mais avec des sentiments. Sous votre couette, on se parle d'amour, ou on passe son chemin. Dans la relation sexuelle, vous engagez votre intimité, pas seulement vos organes. Peut-être même faites-vous partie de ces couples-amants qu'on envie tant, où le désir sexuel puise sa force dans l'envie d'être ensemble. Votre image de la sexualité est positive, et l'amour peut être un moment ludique, où complicité rime avec humour. Pas de risque de simulation, vous jouez franc jeu, et d'ailleurs votre plaisir est intimement lié à celui de votre partenaire.

Vous avez une majorité de 👄
Profil 👄 : Libido en berne.

Votre moi sexuel est quelque peu refoulé. A priori, vous pouvez même vivre sans. Néanmoins, il est possible que plus ou moins consciemment vous vous sentiez frustré(e). Une certaine méconnaissance de la sexualité ou du sexe opposé peut être à l'origine de vos réticences. Peut-être êtes-vous timide de tempérament, et vous préférez mettre une distance avec l'autre. Du coup, peu affranchi(e) de certains tabous, malgré la révolution sexuelle bien en cours, vous pouvez afficher une certaine inhibition et de fausses pudeurs. Enfin, quoi qu'il en soit avant de sauter le pas, il vous faut du temps et beaucoup de confiance. Plutôt discret(e), vos attitudes et vos goûts sont rarement provocants.

TEST VII
SAVEZ-VOUS RECHARGER SA LIBIDO ?

Vous vivez ensemble, vous êtes heureux, et puis jour après jour, le désir s'étiole. Les coupables ? L'ennui, la routine, le manque de fantaisie. Pour lutter contre la baisse du désir, savez-vous pimenter vos ébats et émoustiller votre camarade d'alcôve ?

1 Il existe de nombreux moyens de juger de l'effet que vous faites à votre partenaire. Il (elle) crie « oh oui » :
  A. Sans arrêt même quand vous vous contentez de vous embrasser.
  B. Sans arrêt pendant que vous faites l'amour.

C. Sans arrêt pendant l'orgasme.

Votre réponse : ☐ A   ☐ B   ☐ C

2 Pour déterminer la vigueur sexuelle de votre partenaire, choisissez la phrase qui lui convient le mieux :

Pour elle

A. Il rendrait un étalon
   fou de jalousie.

B. Un grand sujet d'inquiétude
   pour ma mère.

C. Pourrait rivaliser avec celle
   d'un chihuahua.

Pour lui

A. Monica Belluci peut aller
   se rhabiller.

B. Un grand sujet d'inquiétude
   pour mon père.

C. Pourrait rivaliser avec celle
   d'un caniche.

Votre réponse : ☐ A   ☐ B   ☐ C

3 Quel est le nombre d'orgasmes auquel il (elle) parvient lors d'une nuit d'amour :

A. 1.

B. 3.

C. 5 ou plus.

Votre réponse : ☐ A   ☐ B   ☐ C

4 Pour vous transformer en bombe sexuelle vous :

Pour elle

A. Vous lui jetez un regard où tout est envisageable.

B. Vous portez un décolleté vertigineux.

C. Au moment du café, vous avez une façon de porter la cuillère à votre bouche renversante.

Votre réponse : ☐ A   ☐ B   ☐ C

Pour lui

A. Lui posez un lapin.

B. Lui rejouez la scène du *Facteur sonne toujours deux fois* dans la cuisine.

C. Lui dites des mots crus.

Votre réponse : ☐ A   ☐ B   ☐ C

5 Les caresses, vous y avez recours :

A. Pour un moment de tendresse.

B. Pour augmenter le plaisir.

C. Pour vibrer ensemble.

Votre réponse : ☐ A   ☐ B   ☐ C

6 Ce soir, il (elle) vous regarde vous déshabiller avec une flamme dans le regard :

A. Vous faites semblant de ne rien voir.

B. Vous montez le volume de la chaîne, vous lui faites un show.
C. Vous lui demandez d'en faire autant, plus près.
Votre réponse : ☐ A ☐ B ☐ C

7 En général, vous lui faites son affaire :
A. Toutes lumières éteintes.
B. Une fois les bougies allumées.
C. En plein jour.
Votre réponse : ☐ A ☐ B ☐ C

8 Vous vous retrouvez ensemble dans les Caraïbes. La vue de la mer :
A. C'est la mélopée apaisante du ressac.
B. Une invitation à l'amour.
C. Un bain de minuit au clair de lune.
Votre réponse : ☐ A ☐ B ☐ C

9 Votre matière préférée :
A. La peau de votre amour.
B. La soie crissante.
C. Le bois de votre bureau.
Votre réponse : ☐ A ☐ B ☐ C

10 Selon vous pour être sexy, il faut :
A. Aimer.
B. Être aimé.
C. Être désiré.
Votre réponse : ☐ A ☐ B ☐ C

Cotation

Entourez dans le tableau, les symboles correspondant au choix de vos réponses. Puis, pour connaître votre profil, comptez le nombre de symboles 🏆, ♥ ou 👄 que vous avez obtenus.

Réponse \ Question	1	2	3	4	5	6	7	8	9	10
A	👄	🏆	👄	👄	👄	👄	👄	👄	🏆	♥
B	♥	♥	♥	🏆	🏆	♥	♥	♥	♥	👄
C	🏆	👄	🏆	♥	♥	🏆	🏆	🏆	👄	🏆

LES TROIS PROFILS

Vous avez une majorité de ♛
Profil ♛ : Bravo !

Bravo, il (elle) continue à vous désirer follement, même après les 317 jours fatidiques (durée statistique de la passion). Vous aimez provoquer et susciter le désir. Fellation, cunnilingus et sodomie sont sortis du ghetto de la pornographie et vous avez le goût des plaisirs insolites. Changer de place au lit ou disparaître quelques jours font également partie de votre panoplie érotique. Aujourd'hui les relations, y compris sexuelles, doivent passer par un enrichissement réciproque et une grande autonomie.

Votre plus : passer du sexe à la sensualité. Des petits riens érotiques le (la) surprendront.

Vous avez une majorité de ♥
Profil ♥ : À suivre...

Face aux scénarios de fuite de votre partenaire (allumer la télé, travailler beaucoup, être toujours fatigué) vous savez rétablir le courant érotique et recharger ses batteries à grand renfort de sentiments, votre carburant. Résultat : côté libido, il vous arrive encore parfois de feuler sur le tapis du salon. Toutefois pour vraiment créer un certain désordre amoureux, vous devriez cultiver l'effet de surprise, vraiment sexy. Une petite « gâterie », vite fait dans la salle de bains ou dans la voiture en rentrant du ciné, ça lui évitera à coup sûr de sombrer dans la routine. Pour relancer la dopamine, c'est aussi un excitant qui a fait ses preuves.

Vous avez une majorité de 👄
Profil 👄 : Plan-plan.

Vous collez à l'image traditionnelle du (de la) partenaire doux(ce), compréhensif(ve), mais prévisible. Voire trop : il (elle) vous respecte. Du coup il (elle) est enclin(e) à franchir la ligne rouge avec un(e) autre. Vous voulez qu'il(elle) réalise la chance qu'il (elle) a de vivre avec une « bombe sexuelle » comme vous ? Rédigez des fax d'amour à un (une) collègue de bureau qui vous plaît bien, arrangez-vous pour qu'il (elle) tombe dessus. Son ego va disjoncter et son désir monter. Faites-lui une petite scène, type Montand et Deneuve dans *Le Sauvage*, ça stimule les sens. Adoptez un look plus sexy, pour commencer, et de nouvelles habitudes amoureuses. En clair, cessez de programmer vos ébats comme vos rendez-vous de boulot.

TEST VIII
QUEL(LE) GOURMAND(E) ÊTES-VOUS ?

Dis-moi comment tu manges, je te dirai quel amant(e) tu es. Testez votre gourmandise et découvrez votre manière originale de conjuguer plaisir de la table et des sens.

1 Si le fruit défendu n'avait été une pomme ça aurait pu être :
A. Une poire.
B. Un melon.
C. Une mangue.
Votre réponse : ☐ A   ☐ B   ☐ C

2 Tout bien réfléchi, la gourmandise est un signe :
A. D'authenticité.
B. De curiosité.
C. De générosité.
Votre réponse : ☐ A   ☐ B   ☐ C

3 Votre serviette de table, vous la mettez :
A. Autour du cou.
B. Sur vos genoux.
C. À côté de votre assiette.
Votre réponse : ☐ A   ☐ B   ☐ C

4 Vous ne supportez pas :
A. Qu'on parle la bouche pleine.
B. Qu'on mâche en faisant du bruit.
C. Qu'on s'essuie les doigts sur son pantalon.
Votre réponse : ☐ A   ☐ B   ☐ C

5 Les fourchettes se disposent :
A. Les pointes posées sur la table.
B. Les pointes vers le haut.
C. Aucune idée.
Votre réponse : ☐ A   ☐ B   ☐ C

6 Il vous invite à dîner. Quel restaurant vous attire le plus à l'énoncé de son nom ?
    A. *La Galerie.*
    B. *La Robe et le Palais.*

C. *Au petit bourguignon.*
Votre réponse :   ☐ A   ☐ B   ☐ C

7 Quand vous mangez plus que de raison, vous appelez ça :
A. Une grosse faim.
B. Un écart de régime.
C. Une fringale intempestive.
Votre réponse :   ☐ A   ☐ B   ☐ C

8 Dans un plat typique indonésien (poulet, mangues et riz), vous préférez :
A. Manger tout de suite ce que vous préférez.
B. Garder le meilleur pour la fin.
C. Ne pas faire de sélection.
Votre réponse :   ☐ A   ☐ B   ☐ C

9 Votre voisin de table se gargarise avec une gorgée de Châteauneuf-du-Pape. C'est un...
A. Connaisseur.
B. M'as-tu-vu.
C. Rustre.
Votre réponse :   ☐ A   ☐ B   ☐ C

10 Quitte à vous mettre au goût du jour, vous prendriez bien tous les matins :
A. Une cuillerée de gelée royale.
B. Un ugli, le nouveau fruit entre l'orange et le pamplemousse.
C. Des gélules de protéines.
Votre réponse :   ☐ A   ☐ B   ☐ C

11 Vous tombez sur une plaquette de chocolat :
A. Vous restez de marbre.
B. Vous craquez.
C. Vous fondez de plaisir.
Votre réponse :   ☐ A   ☐ B   ☐ C

12 Il (elle) vous emmène dans une cave à vin. Un bon vin :
A. Cela se regarde.
B. Cela se déguste.
C. Cela se lape.
Votre réponse :   ☐ A   ☐ B   ☐ C

Cotation

Entourez dans le tableau, les symboles correspondant au choix de vos réponses. Puis, pour connaître votre profil, comptez le nombre de symboles 🏆, ♥ ou 👄 que vous avez obtenus.

Question / Réponse	1	2	3	4	5	6	7	8	9	10	11	12
A	♥	🏆	👄	🏆	🏆	♥	👄	👄	👄	🏆	♥	♥
B	👄	♥	🏆	♥	👄	🏆	♥	🏆	♥	👄	🏆	🏆
C	🏆	👄	♥	👄	♥	👄	🏆	♥	🏆	♥	👄	👄

LES TROIS PROFILS

Vous avez une majorité de 🏆
Profil 🏆 : Gourmand(e) raffiné(e).

Le raffinement est votre péché capital. À la fois suffisamment suave pour savourer le plat d'un grand chef... et suffisamment bien élevé(e) pour vous jeter sur votre partenaire, une fois le repas terminé. Délicat(e) vous aimez la bonne cuisine, et savez reconnaître un élément de qualité. Et quand le plat ne vous plaît pas, vous savez le renvoyer en cuisine. Vous appréciez les repas en petit comité mais vous préférez les tête-à-tête, où les préliminaires courtois et les tables joliment décorées sont recommandés. Votre sens du détail révèle une personnalité sensible, toute en subtilité.

Vous avez une majorité de ♥
Profil ♥ : Gourmand(e) ascète.

La gourmandise n'est pas votre vilain défaut. À votre avis, il faut manger pour vivre et non vivre pour manger. Vous ne dédaignez pas le sexe, mais de là à vous damner pour l'autre... Les repas qui n'en finissent pas vous ennuient, tout comme les en-cas sexuels, voire même les prolongations. Vous êtes plutôt du type efficace. Votre truc à vous, c'est l'action. Là où d'autres passent du bon temps, vous avez l'impression de perdre le vôtre. Allons, allons! le plaisir des sens passe aussi par les papilles gustatives.

Vous avez une majorité de 😋
Profil 😋 : Gourmand(e) rabelaisien(ne).

« Il vaut mieux faire envie que pitié », telle est votre devise. Vous adorez passer du temps à table, et sous la couette. En gourmand(e) avertie, vous aimez la bonne chère et ne vous en cachez pas. Vos aventures érotiques sont d'ailleurs réputées. Pas question de sauter un repas, ni de réfréner un désir sous prétexte qu'on n'a pas le temps. Votre personnalité gaie et généreuse attire autour de vous une bande de joyeux lurons. À ce propos, vous n'hésitez pas à vous mettre au fourneau, dans tous les sens du terme.

Évaluation du quotient sexuel

Sur une feuille de papier, tracez un tableau de 8 colonnes correspondant aux 8 tests. Reportez dans chacune des colonnes, les profils obtenus, symbolisés par ♀, ♥ et 👄.

Cotation

Pour déterminer votre profil, entourez dans la grille les lettres trouvées à l'intersection des lignes de symboles et des colonnes des 8 tests.
Comptabilisez ensuite le nombre de A, B ou C. Votre profil est déterminé par la lettre obtenue en plus grand nombre.
Ex. : Si au test I, votre profil était 👄, entourez A.
Si au test II, votre profil était ♥, A.

Profil obtenu \ Test	Test I	Test II	Test III	Test IV	Test V	Test VI	Test VII	Test VIII
♥	C	A	C	B	B	B	B	C
♀	B	B	B	C	A	A	A	B
👄	A	C	A	A	C	C	C	A

VOUS AVEZ UN MAXIMUM DE Ⓐ : VOTRE PROFIL

QUI ÊTES-VOUS ?

Le pouls de votre activité sexuelle bat au maximum. C'est d'ailleurs bien difficile de rivaliser avec une bombe sexuelle comme vous ! De type séducteur, au tempérament fougueux, parfois même provoquant, vous êtes ce qu'on appelle terriblement « sexo » et vous jetez le trouble à l'envi. Vos amants(es) se souviennent certainement encore de vous.

Il semblerait bien que le sexe soit votre valeur primordiale dans la relation amoureuse. Peut-être même ne tombez-vous amoureux que de partenaires qui vous font bien l'amour... et qui vous laissent, pourquoi pas, entendre que vous aussi vous êtes un « bon coup ». À tel point qu'en cas de non compatibilité, vous êtes tout à fait capable de tout remettre en cause. Pas question, donc, de s'endormir plus que de raison sur votre oreiller sous peine de vous voir prendre la poudre d'escampette.

Vous êtes de type pulsionnel, et il arrive même que vous érotisiez le quotidien. À savoir, que vous vous trouviez à la pharmacie ou bien au bistrot, sentir le désir de l'autre, dirigé vers vous, est stimulant. Porté(e), en premier lieu, sur le changement, y compris de partenaires, vous pouvez apparaître peu encombré(e) de tabous, mais plutôt avide de sensations et même d'expériences multiples. En matière de galipettes comme dans d'autres domaines (loisirs, travail...) vous avez souvent besoin de varier les plaisirs. D'ailleurs, vous vivez facilement au jour le jour et vous projeter dans la durée est complexe. À ce titre, vous ne vous impliquez pas facilement affectivement. À la fois libre, indépendant(e) et hédoniste vous cherchez surtout à profiter de la vie.

VOUS ET VOS FANTASMES

L'imagination est essentielle pour que l'acte sexuel ne se transforme pas en simple prouesse physique. Et, sans doute en savez-vous quelque chose, puisque le fantasme fait partie intégrante de votre panoplie érotique. Votre imaginaire libertin a besoin de s'exprimer. Côté scénarios de film X, votre imagination est fertile. Peut-être même, les circonstances de vos premières émotions sexuelles font volontiers surface pour les nourrir et décupler votre excitation. D'autre part la culture joue également son rôle dans votre conception de la sexualité, par le biais des livres, du cinéma... Aujourd'hui pas un film, ni un best seller sans un passage à l'acte. Du coup nous sommes à l'heure d'une sexualité moins inhibée, ce qui fait bien votre affaire.

Vous pouvez avoir un penchant pour les lieux publics, ce qui confirme votre nature extravertie. Il n'est pas nécessaire dans la majorité des cas, que le fantasme s'inscrive dans le réel, toutefois vous recherchez des partenaires avec qui franchir le pas. Que ce soit dans les clubs échangistes, ou sous une porte cochère. Toutefois ce goût prononcé pour des ébats à l'extérieur cache aussi une crainte de l'intimité. Quelquefois, puisque vous ne tarissez pas de scénarios érotiques, pourquoi ne pas simplement les susurrer à l'oreille de votre partenaire pour monter au septième ciel?...

Vos conversations sur l'oreiller

La sexualité pour certains se risque et même se raconte. De ce point de vue, on peut dire que vous êtes bavard(e). Murmurés au creux de l'oreille ou bien criés au moment de l'orgasme, vous savez que ces aliments du désir peuvent être aussi puissants que le plus fougueux des baisers. Naturellement, vous aimez opter pour un vocabulaire cru, vous aimez la trivialité et d'ailleurs ne vous en cachez pas. Vous êtes de ceux, certainement, qui ponctuent leurs élans verbalement et ont tendance à commenter leurs actes.

Attention tout de même, verbaliser à excès ne procure pas toujours l'effet souhaité. En particulier, si votre partenaire se montre gêné par les mots purs du désir. Ce plaisir doit à la fois, être partagé par les deux et en même temps respecter les différences. Parler de sexe est aussi une façon essentielle pour un couple d'être ensemble. Si vous avez le verbe facile, pourquoi ne pas évoquer ensemble votre plaisir et vos positions préférées, ou encore vos éventuelles difficultés. Qu'est-ce-que vous aimez vraiment? Qu'est-ce-que vous aimeriez? Exprimer son désir est un moyen efficace de dynamiser la sexualité.

La tentation de l'infidélité

L'amour, le désir, vous connaissez la chanson! Vous avez peut-être examiné de près l'évolution de la notion d'infidélité à travers l'histoire. Au XIIe siècle, déjà le mythe de Tristan et Iseult reposait sur l'adultère, ce qui ne vous a pas échappé. Plus près de vous, en 1968, les enfants du baby-boom se ruaient sur le libertinage. En 2000, les figures dialectiques de l'amour sont tantôt folles, éprises de liberté, tantôt conjugales et éprises de durée. Et vous avez opté pour le libertinage! Sur ce point les sexologues sont d'accord : il n'y a pas de norme. Certains s'épanouissent dans le couple monogame, d'autres dans des relations multiples.

Toutefois, quelques précautions s'imposent. Que vous soyez célibataire ou bien un couple libre, l'épanouissement en matière de sexe repose sur le libre consentement des deux parties. Vous vous avouez, peut-être ou volontiers, dévoreur, prédateur et conquérant et vos désirs sont des ordres. Il est difficile dans ce cas de vous résister ! Bien souvent l'énergie de ceux qui vivent une sexualité débridée produit en retour du désir. Dans le cas où le contrat n'est pas si clair, dans votre relation, posez-vous tout de même la question des conséquences. Pourquoi le faites-vous ? Pour vous rassurer, ou éloigner l'autre à coup sûr ? Nos besoins d'être consolé et de séduire aux quatre vents vont parfois de pair. Quand on prend conscience de ce qui nous pousse à aller de bras en bras, il n'est plus toujours nécessaire de multiplier les relations amoureuses.

VOTRE COMPORTEMENT SEXUEL

Les longs marathons érotiques ne vous font pas peur, et vous savez diversifier les postures (tendres, câlines ou franchement crues) pour doper vos orgasmes. L'usage d'aphrodisiaque et les ébats en pleine nature ne vous sont pas inconnus. La sexualité est un domaine à explorer et vous savez que son univers est infini. Cette idée vous procure des sensations qui vous mettent l'eau à la bouche. Expérimenter, diversifier, imaginer, échafauder sont vos maîtres mots !

VOUS ET LE PLAISIR

Priorité à l'orgasme. Chez vous le mythe de l'orgasme est tenace. Qu'il soit intense ou synchrone, il demeure la preuve d'un rapport réussi. C'est plutôt courant en fait. Beaucoup d'entre nous vivons une sexualité, soit comme on nous l'a racontée, soit comme on a imaginé qu'elle pouvait se vivre. Avec en toile de fond médias, pubs, cinéma et littérature qui nous vendent le sexe sans tabou, où les orgasmes sont de type intense.

Rien d'étonnant donc à ce que pour vous cette manifestation suprême du plaisir se révèle la seule garantie de la qualité de l'échange. En tout cas, dans la plupart des cas, elle est essentielle. L'explication est également d'ordre physiologique : en effet, les glandes de volupté sont concentrées au niveau des zones génitales. Sans cette phase, vous vous sentiriez frustrée. La plupart du temps vous êtes dans un acte moteur, sur un mode actif, et la sensualité est encore de type anecdotique sous votre couette.

Vous pourriez peut-être vous comporter davantage sur un mode volupté, en renouant avec tous vos sens et en vous abandonnant aux plaisirs qu'ils dispensent. En essayant de dévoiler l'intimité de votre moi sensuel, vous pouvez réconcilier tendresse et érotisme.

VOUS AVEZ UN MAXIMUM DE Ⓑ : VOTRE PROFIL

QUI ÊTES-VOUS ?

Votre libido est « nature », vous assumez vos désirs, mais sans compulsion, et le sexe opposé vous intéresse. Tendre et charnel(le) à la fois, vous devez nourrir des sentiments pour votre partenaire, avant de vous impliquer dans une relation physique. Bref, vous aimez concilier sexe et tendresse.

Vous êtes de type romantique.

Sympathique, spontané(e), généreux(se), vous êtes charmant(e), et dans votre entourage, il existe certainement des amoureux transis, sur lesquels vous pouvez compter. Votre vision est souvent plus romanesque que réelle, et vous êtes capable de sérénades pour l'élu(e) de votre cœur. Si par mésaventure la conjugalité peut affadir votre désir, il y aurait un risque d'infidélité, mais avant, vous aurez tout fait pour ranimer la flamme.

VOUS ET VOS FANTASMES

De nature rêveuse, vous fantasmez avant tout pour vous évader de la réalité, qui ne dynamise pas toujours votre libido. À ce titre, vous préférez peut-être vous imaginer dans les bras d'une star. Pas d'affolement, c'est plutôt bon signe. En trouvant les images qui vont intensifier votre désir, vous pouvez connaître une sexualité épanouie. Même s'il existe des classiques, en matière de fictions érotiques, les expressions sont individualisées. Chez vous, nul doute que le mythe du prince(cesse) charmant(e) est tenace, avec en fond d'écran, une quête d'absolu, de l'âme sœur. « Un beau soir, je rencontrerai mon alter ego » : attention, ce penchant révèle une tendance à idéaliser la relation. Votre partenaire actuel(le) n'est pas tenu(e) d'incarner tous vos rêves, ni de vous amener le bonheur, sexuel y compris, sur un plateau. Et vos productions imaginaires X sont destinées à pimenter vos ébats, développer votre propre richesse intérieure, une offrande à votre amour. Pour construire une vraie relation, mieux vaut regarder la réalité en face, l'élu(e) sous votre couette est comme il est.

Vos conversations sur l'oreiller

Ainsi vous pouvez frémir de plaisir quand on vous parle d'amour. Votre sexualité est sans conteste liée aux sentiments. Même si affiches, films et pub jouent la carte d'un érotisme surévalué, vous n'êtes pas devenu(e) une machine désirante. L'amour, en priorité, exalte votre désir. Sans hésitation, vous lui dites que vous l'aimez, que vous le trouvez beau (belle) et que vous aimez son corps.

Des suggestions : empruntez les sentiers de l'amour courtois et osez! Et si vous improvisiez une balade érotique sur le corps de votre partenaire. Comment? C'est facile. Il suffit de le découvrir, lentement, à la lueur de la flamme d'une bougie. Vous aurez au préalable créé une ambiance tamisée (bougies, encens, musique...). Laissez-vous à nouveau étonner par le grain de sa peau, la tendresse de sa croupe, et succombez à la tentation de la caresse des mots. « Ton cou, la tour de David, bâtie pour les trophées. Tes seins, deux faons jumeaux d'une biche parmi les lys. Bassin de lune, ton nombril où la liqueur ne tarit... » (*Le Cantique des cantiques*. Chants d'amour daté du Ve siècle av. J.-C.)

La tentation de l'infidélité

Dans votre cas, l'infidélité est exceptionnelle. Bien sûr vous pouvez y penser mais plus comme une idée que vous lanceriez, comme ça par défi... Mais si l'idée fait son chemin, il y a vraiment anguille sous roche! Les raisons qui poussent quelqu'un comme vous à conter fleurette à un autre ne sont pas toujours celles qu'on énonce en premier lieu. Bien sûr une certaine monotonie sexuelle peut rentrer en compte. Mais au-delà, quand vous investissez un autre objet de désir, c'est avant tout un signe de crise, qui témoigne d'un manque de communication ou d'un besoin de réassurance narcissique. Passer à l'acte chez vous peut cacher le besoin de se revaloriser dans un regard neuf. Quand le (la) partenaire habituel(le) ne répond plus à rien de tel, parfois le désir brûlant d'un(e) amant(e) peut tonifier votre estime de vous. Toutefois, c'est une décision que vous ne prenez pas à la légère. Aujourd'hui encore, évolution des mœurs ou pas, quand ça vous arrive, c'est un moment difficile à gérer.

Alors comment se comporter ?

À certaines conditions, l'infidélité permet de tracer à nouveau les contours de la relation et ses attentes. Pour cela il s'agit de ne pas éluder certaines étapes. Une aventure pose inévitablement des questions sur soi : j'ai une liaison, pourquoi ? Que me manque-t-il dans mon couple ? C'est le moment de se regarder en face. Cette escapade peut aussi être l'occasion de redéfinir ce qu'il y a d'unique avec celui qu'on choisit. Parmi les écueils à éviter, il ne faut pas sous-estimer le poids de la culpabilité. N'avouez pas si c'est une passade. En revanche, quand la liaison dure et se répète, signe d'un malaise aigu dans le couple, il serait plus judicieux d'en parler. Dans tous les cas, il faut faire preuve de tact, et éviter les détails. Mais plutôt expliquer « Ça ne va pas, d'ailleurs je t'ai trompé(e) ».

VOTRE COMPORTEMENT SEXUEL

L'amour avec vous n'est affaire ni d'exploit, ni de performance, mais d'émotions et de petits riens érotiques. Romantique, sensuel(le) avant tout, seule la relation sentimentale est garante de votre plaisir. Vous avez l'art de la mise en scène et vous affectionnez les jeux de l'amour. Avant de vous toucher, vous prenez le temps de parler, de charmer. Vous savez glorifier la force érotique d'un regard, d'un effleurement mais aussi d'une lettre d'amour.

En pratique.

Pour atteindre le nirvana, vous pouvez adopter des préludes autour du théâtre des cinq sens pour mettre un sacré coup de balai à la banalité et pimenter le désir.

Mise en bouche. Rien de tel qu'un repas gourmand pour ouvrir l'appétit amoureux. Dès le marché, pensez à vous gorger des parfums et des senteurs des fruits et des légumes. Véritable nourriture des sens. Avec un menu méditerranéen, vous réaliserez à coup sûr une cuisine riche en goûts. Babylone d'aubergine à la tomate, poivrons piquillo farcis au thon... Vous pouvez laisser rouler le nom des plats entre vos lèvres, en lui annonçant le menu. Concoctez plusieurs plats et en petites quantités, comme autant d'apéritifs à régaler ses papilles plus intimes. Usez de la sarriette, bien nommée « l'herbe au satyre », pensez aux huîtres qui agissent sur la sécrétion de la testostérone (hormone du plaisir). Vous pouvez aussi disposer olives et petit poivrons sur la table... qui se mangent avec les doigts... pour des promesses d'ébats épicés.

Tendre l'oreille. Pour éveiller son désir, déridez votre partenaire. La vie moderne est si stressante. Autrefois, faire rire une femme était un moyen assez radical d'obtenir ses faveurs. Aujourd'hui dans la nouvelle géographie du désir, agiter ses zygomatiques reste très érotique. Alors faites fi des conventions et osez l'humour pour faire vibrer le lit de votre amour. Apprenez des histoires drôles, empruntez des tirades à Yvon Deschamps, louez des films des Marx Brothers. Ensemble convenez d'échanger, surtout des propos futiles, qui portent à la rêverie ou déclenchent des rires en cascades. La joie est fortement empreinte de sensualité. Bref, invitez-le (la) à se réjouir et faites-lui boire le nectar de vos paroles. Une fois l'estocade portée, n'oubliez pas de régaler ses oreilles d'un autre son de cloche : râlements et feulements.

Le corps dans la main. Parce qu'il est le premier des sens qui se développe chez l'homme, le toucher est capital. Tout du long de la soirée, prenez l'initiative du contact : furtif, appuyé, caressant. Inventez et suggérez ! Avant de déballer vos appâts... pour un massage caresse de la tête aux pieds. Par la qualité du toucher qu'il développe, le massage facilite l'expression de la sensualité, gage de relations sexuelles plus épanouissantes. *« L'homme, comme la femme, est un fruit qui ne laisse échapper sa suavité que si tu le frottes entre tes mains », disait le cheikh Nezfaoui (Jardin parfumé,* Éd. Régine Déforges). Le massage a comme autre effet immédiat de rendre sa souplesse au corps. Il ne s'agit en aucun cas de maîtriser les positions du kamasutra. Toutefois, mieux vaut éviter que le corps coince aux entournures dans les moments torrides. En retrouvant l'harmonie de son corps, on est plus disponible à celui de l'autre.

Nez à nez érotique. Jouez à l'amour sorcier, enchantez le rapport amoureux, ensorcelez votre amour récalcitrant... si vous voulez être sûr(e) de garder le (la) partenaire qui vous plaît, vous pouvez opter pour l'olfaction sortilège et obséder ses narines. Pour que le souvenir de vos effluves jamais ne s'estompe. Enivrez-le (la) d'odeur pour des nuits câlines parfumées. Enduisez votre corps d'huile parfumée, nimbez-vous d'un nuage de parfum, embaumez l'atmosphère d'huiles essentielles. L'ennui naissant de l'uniformité, vous pouvez jongler avec des ambiances olfactives différentes. Si les déodorants sont des tue-l'amour, en revanche on connaît l'émanation sensuelle de certaines compositions. Laissez-vous inspirer par le nom des parfums, tour à tour déluré, innocent, capiteux à faire tourner ivre sa libido. Les plaisirs mijotés sont souvent les meilleurs.

Enchantez ses yeux. Le regard est l'instrument numéro un de la séduction. Une nuit sensuelle ne s'improvise pas. Vous avez préparé votre corps dans les règles de l'art amoureux, à présent soignez le décor. Une mise en scène haute en couleur attise le désir. Direction la chambre à coucher, pour une revue de détail d'un soir. Jouez des tentures, draps et étoffes soyeux. Les couleurs sable, abricot, saumon, conviennent aux romantiques... véritable écrin pour un amour de nacre. Les amours volcaniques pencheront pour des draps teintes rouge orangé, symbole de leur feu intérieur. Quant aux ébats mutins, une harmonie de vert rehaussera la vitalité sensuelle de leur nature. Enfin agrémentez la pièce de plusieurs bougies (parfumées de préférence) qui danseront sur les murs la volupté de vos ébats.

VOUS ET LE PLAISIR

Vous vous comportez sexuellement sur le mode volupté : en clair vous pouvez jouir, même sans orgasme, et disposez d'une palette infinie de plaisir. Portée naturellement sur la jouissance, plus complexe qu'un simple orgasme, votre sexualité fait appel aux sens, à l'imaginaire, à l'érotisme. Et témoigne souvent d'une maturité sexuelle. Pour vous, le plaisir n'est ni une performance, ni une course.

Beaucoup de couples vivent encore au rythme de l'éjaculation masculine, synonyme de plaisir pour l'homme mais aussi d'interruption du rapport. Bien entendu, la situation évolue, et l'éducation à la sensorialité est de plus en plus importante. En ce qui concerne l'érotisme sensoriel, il est sûr que la femme a son rôle à jouer, et pas des moindres sur la scène des 5 sens. Pour ne plus faire l'amour comme un sportif court un 100 mètres haies, avec beaucoup d'efforts physiques, mais avec davantage d'écoute, il suffit d'habiter à nouveau son corps. Une démarche qui en réalité mise sur le lâcher-prise, c'est-à-dire le fait de ne pas vouloir tout contrôler, et qui remet l'individu en contact avec son ressenti corporel et émotionnel.

VOUS AVEZ UN MAXIMUM DE Ⓒ :
VOTRE PROFIL

QUI ÊTES-VOUS ?

Votre moi sexuel est certainement cérébral.

Plus intello que d'autres, entre vos désirs et la réalité, il y a parfois un mur d'interrogations, qui vous laissent au seuil du plaisir, voire même des ébats. Au lieu de vous laisser emporter par vos élans, vous réfléchissez... aux défauts, aux qualités. Que ce soit une aventure ou bien votre partenaire attitré(e). Dans un cas vous culpabilisez, dans l'autre, fatigue, stress ou routine ont raison de votre désir. Peut-être avez-vous été déçu(e), dans le passé, toujours est-il que vous êtes tour à tour, méfiant(e) ou résigné(e). Sur le plan sexuel vous vous connaissez peu,... quant au sexe opposé, il reste lui aussi mystérieux. Bref, ce n'est pas la fête tous les jours.

Pourtant quelque chose en vous présuppose la sensualité et la sexualité comme sources de plaisirs importants. Il vous faudrait vaincre certaines résistances intérieures, ou oser, briser les carcans, tenter d'aller au-delà de l'habitude...

VOUS ET VOS FANTASMES

De nombreux sexologues constatent une baisse du désir chez une part importante de nos contemporains. Il est possible que vous en fassiez partie. D'autre part, peut-être avez-vous également transféré votre énergie dans votre activité professionnelle... Dans ce cas, justement, les fantasmes érotiques peuvent chambouler l'ordonnance parfois trop prévisible de votre quotidien et pimenter le désir. Au vu de votre tendance à tout contrôler, il ne serait pas étonnant que votre fantasme de prédilection tourne autour des figures d'autorité, un médecin, un(e) inspecteur(trice)... Ça s'explique ! En vous fantasmant sans défense, vous manifestez, enfin, un désir de vous abandonner, comme si les responsabilités vous pesaient. Avec ce scénario, vous réclamez peut-être quelqu'un qui prend les initiatives, vous domine même parfois. Fasciné(e) par l'uniforme et les accessoires, vous pourriez aussi être fétichiste. Encore une fois, le fantasme est équilibrant et structurant... Bien sûr ils peuvent être gênants, alors qu'en réalité ils permettent de se défaire de la culpabilité liée à la sexualité. En vous laissant aller à la rêverie, vous débranchez le système de vigilance du cerveau (trop sollicité) et vous pouvez accéder ainsi à un état d'abandon nécessaire au plaisir.

Vos conversations sur l'oreiller

L'intelligence sexuelle implique en grande partie d'être capable de communiquer sur nos ébats, nos attentes, et nos difficultés éventuelles. Un des secrets pour que ça se passe bien au lit, c'est le dialogue. Si c'est difficile, vous pouvez commencer par évoquer les positions que vous aimez, ou aborder vos fantasmes. Exprimer son désir permet qu'il reste vivant, et par ailleurs cela réactive la libido.

Ce n'est pas que vous n'osez pas parler, bien au contraire. Vous pouvez disserter des heures sur l'art contemporain et son rapport avec les univers virtuels ou raconter comment s'est édifiée la grande muraille de Chine. Mais, parler de vous n'est pas simple ! Pourtant sur l'oreiller vous gagneriez à utiliser votre savant langage pour vous dire, vous raconter. Surprenez votre partenaire ! Cassez votre image ! Apprenez la magie de la saveur érotique des mots et des phrases !

La tentation de l'infidélité

L'infidélité n'apparaît pas comme un aiguillon sexuel majeur dans votre couple. Au contraire. Une incartade peut davantage faire l'objet d'une rupture. Votre libido repose plutôt sur un contrat de confiance, d'autant plus que vous supportez mal d'être mis(e) en concurrence. Votre estime de vous n'étant pas très consolidée, vous pourriez même le vivre plutôt mal. L'engagement à vivre et évoluer ensemble vous semble essentiel, compatible avec une sexualité épanouie. Vous vous situez davantage sur le plan de l'amour véritable, où la fidélité va de soi. En aucun cas, elle ne s'impose. Cette notion d'amour véritable est basée sur l'amour de soi, et plus vous la cultiverez, avec le soutien de l'autre et son regard, mieux vous parviendrez à vous aimer vous-même. Une fidélité qui n'est plus exigée s'installe toute seule !

Dans ce contrat de fidélité il existe des moyens toutefois d'échapper à l'usure du quotidien, et de redynamiser son désir. Vous pouvez mettre de la créativité et de la subtilité dans votre sexualité. Et n'oubliez pas la tendresse, votre corps est un jardin extraordinaire, soyez des jardiniers inspirés et le bonheur s'y cueillera à foison. Vous seriez d'ailleurs du genre avec le temps à développer une sexualité plus libre, si l'autre vous en donne l'occasion ; plus vous êtes en confiance mieux c'est. Autre astuce en cas de pépins : retrouvez l'état d'esprit, les sensations du premier jour où vous avez rencontré cette personne, quand vous avez été conquis(e).

VOTRE COMPORTEMENT SEXUEL

La sexualité est pour vous quelque peu déroutante et intimidante : elle apporte souvent plus de craintes que de plaisirs... Vos élans sont timides, votre sexualité réservée. Par ailleurs peut-être avez-vous du mal à vous laisser aller. Cette tendance à contrôler la situation vous rassure dans le travail mais bride vos sensations. Votre libido a du mal à trouver son langage.

Du coup vous redoutez peut-être les moments d'intimité dont vous ne contrôlez pas l'émotivité. Inconsciemment, vous trouvez des alibis pour détourner vos pulsions affectives et sexuelles. Y remédier est parfois très simple : apprenez à exprimer vos désirs à l'autre. Vous avez besoin d'être gratifié(e). Encouragements et compliments sont importants pour satisfaire votre ego et alimenter votre désir.

VOUS ET VOTRE PLAISIR

Le plaisir joue un rôle clé dans votre rapport à l'autre et à la vie. Dans la pratique vous pouvez puiser, par exemple, dans les rites d'amour d'influence japonaise, dont le raffinement correspond à votre nature cérébrale et esthète. Pour mieux cueillir ces sensations, peut-être pouvez-vous mettre en jeu la vue, une de vos sources d'excitation la plus forte. Pourquoi ne pas tourner ensemble, avec votre partenaire, les pages d'un livre d'estampes japonaises. Ces illustrations servaient à initier les jeunes femmes et les jeunes hommes aux pratiques de l'amour. Peut-être avez-vous placé votre existence sous le signe de la rigueur et du sérieux... Et si vous optiez pour la fantaisie ! Pour établir cette complicité érotique, vous pouvez aussi prendre un bain ensemble, pour mieux vous ouvrir à l'autre. L'eau possède un fort pouvoir de volupté, en Asie. Le plaisir n'est plus un tabou, et accroître votre capacité à le vivre est avant tout une expérience à déguster, avec délectation. Sans culpabilité.

Épilogue

LE (LA) PARTENAIRE IDÉAL(E)

Quand on rencontre une personne qui nous attire, qui nous touche ou nous émeut, que l'on désire, on se raconte toujours une histoire dont l'autre est le héros. Une rencontre amoureuse, c'est toujours une part de soi qu'on retrouve dans l'autre et souvent qu'on ne connaît pas soi-même. Au terme de ces tests, vous en savez peut-être davantage sur vous, ou peut-être simplement vous êtes-vous bien amusé, en vérifiant ce que vous saviez déjà. Quoi qu'il en soit, nous avons établi, dans les grandes lignes, les pistes selon votre profil qui vous aideront à tomber dans les bras du (de la) partenaire idéal(e) et à le garder. Vous pouvez en prendre connaissance tout en gardant cette phrase à l'esprit : « Que serait la relation amoureuse sans une forme de mystère ?... »

Cotation

Pour connaître votre partenaire idéal, reportez dans la grille les résultats des 3 tests précédents définissant votre quotient intime, votre quotient relationnel, votre quotient sexuel, et comptez le nombre de 🐻, 🍦, 📖 que vous avez obtenu.

	Quotient intime	Quotient relationnel	Quotient sexuel
Majorité de A Majorité de B Majorité de C	🐻 🍦 📖	🍦 🐻 📖	🍦 🐻 📖

VOUS AVEZ UNE MAJORITÉ DE 🐻

Vous êtes mature, sentimental(e), sensuel(le).

VOTRE PARTENAIRE IDÉAL(E)

Vous avez besoin d'un cocon relationnel tissé d'attentions, de partage, de douceurs... En clair, une épaule rassurante pour y poser votre tête, ou bien un côté maternant, vous conviennent parfaitement. En fait vous aimez certainement l'idée de durée en amour, et la personne qui partage votre vie doit être plutôt quelqu'un de bien, à portée de votre main aimante... Même si

votre nature indépendante vous amène à déguster de grands moments de solitude, vous aimez vivre avec votre partenaire des instants de grâce tranquille !

VOUS AVEZ UNE MAJORITÉ DE 📕

Vous êtes exubérant(e), passionnel(le), sexuel(le).

VOTRE PARTENAIRE IDÉAL(E)

Votre partenaire, dans la mesure du possible, pourrait manifester le même
goût que vous pour la théâtralisation du quotidien. La mise en scène, les tré-
molos, les lits à baldaquin, l'amour sur la banquette arrière d'une limousine... À
dire vrai, ce n'est peut-être pas un(e) simple mortel(le) qu'il vous faut mais un
demi-dieu, ou déesse. Celui-ci (celle-ci) doit être capable de vous séduire et de
vous étonner en permanence. Un(e) partenaire zen et psychologiquement
solide pourrait, cependant, apaiser votre incessant tourbillon intérieur. Mais il
(elle) devra accepter et apprécier votre puissante sexualité sans craindre de se
perdre. Le tantra et certaines pratiques sexuelles taoïstes devraient vous
convenir.

VOUS AVEZ UNE MAJORITÉ DE 📖

Vous êtes discret(e), intellectuel(le), réservé(e)

VOTRE PARTENAIRE IDÉAL(E)

Votre côté cérébral peut vous empêcher de vous jeter dans l'amour de
façon débridée. Pour une entente amoureuse, seul quelqu'un de tendre,
patient, sait vous mettre en confiance. Un mélange de gaieté et de sens des
responsabilités vous donnera la clé de la détente. Pour que le vernis s'écaille,
votre partenaire devra entamer de longs préliminaires et privilégier ces
moments où l'on se raconte l'un à l'autre : souvenirs d'enfance, discussions,
rires feutrés et complices... Vous affichez un tempérament « charmant »,
pourtant vos envies charnelles sont bien plus importantes que ce que vous
laissez paraître. Toutefois votre caractère réservé peut vous freiner, vous avez
donc besoin d'être stimulé(e) par un(e) partenaire.